CB127803

Elefante

DARCY RIBEIRO
1922 - 2022

elefante
EDITORA

CONSELHO EDITORIAL
Bianca Oliveira
João Peres
Tadeu Breda

EDIÇÃO
Tadeu Breda

ASSISTÊNCIA DE EDIÇÃO
Fabiana Medina

PREPARAÇÃO
Tamires von Atzingen

REVISÃO
Andressa Veronesi
Tomoe Moroizumi

PROJETO GRÁFICO
Bianca Oliveira

CAPA
Alles Blau

DIAGRAMAÇÃO
Victor Prado

Os futuros de Darcy Ribeiro

ORGANIZAÇÃO
Andrés Kozel &
Fabricio Pereira
da Silva

Estudo preliminar

Andrés Kozel & Fabricio Pereira da Silva

Darcy Ribeiro se interessou bastante por futurizar. E o fez em registros e em momentos distintos, deixando seus exercícios de futurização articulados a predicações não necessariamente homogêneas ou somáveis entre si. O estudo sistemático dessa faceta de sua obra é relevante *per se*: Darcy Ribeiro é um autor clássico das ciências sociais latino-americanas. Sua relevância aumenta se considerarmos que a análise de suas elaborações futuristas pode nos ajudar a circunscrever melhor aspectos-chave da experiência latino-americana de "crise do tempo", "mudança de regime de historicidade", advento do "presentismo" (Hartog, 2007). As interrogações sobre a pertinência dessas categorias e a datação e a caracterização do processo a que aludem constituem um objeto de estudo significativo, pleno de arestas debatíveis, e, exatamente por isso, fascinante.

Além desta breve apresentação e de uma seção conclusiva, o presente texto é organizado em quatro partes. Na primeira, são delineadas as coordenadas contextuais e conceituais a partir das quais propomos abordar os futuros de Darcy Ribeiro. Nas três partes seguintes, são discutidos, em ordem cronológica, três momentos das futurições darcyanas. Na seção conclusiva se oferece um balanço; é apresentada uma hipótese em dois passos e uma reflexão, e se defende a vigência da inquietude futurizante e do ato de futurizar como imprescindíveis em sociedades que, como as nossas, sofrem de dificuldades para projetar-se ao futuro.

Sobre os futuros do passado e o presente sem futuro

O interesse de Darcy Ribeiro pelo futuro e as formas diversas pelas quais o expressou não deveriam, a esta altura, nos surpreender. Foram parte de uma sensibilidade de época cujos perfis já foram cartografados mais ou menos satisfatoriamente. Em 1967, num livro que nosso autor conheceu bem, Daniel Bell vinculou o ressurgimento do interesse no futuro a vários fatores: a fascinação que exercia a cifra 2000 — bruscamente percebida como próxima e interpelante —, o entusiasmo suscitado pela aventura espacial, a possibilidade de dispor de séries estatísticas sistemáticas, a valorização generalizada da planificação (Bell, 1969, p. 29-30). A etapa se caracterizou não somente pela profusão de prospecções sistemáticas mas também pela consolidação da ficção científica: contos, novelas, séries, filmes.[1] Na América Latina daqueles anos, futuriza-

1 Em 1968 apareceu *The Population Bomb* [A bomba populacional], de Paul R. Ehrlich; alguns anos depois, *Os limites do crescimento*, do casal Meadows e outros autores, que geraria, em 1977, a resposta latino-americana conhecida pelo nome triplo de *Catástrofe o Nueva Sociedad*, ou *Modelo Bariloche,* ou *Modelo Mundial Latinoamericano* (Herrera, 2004). No começo dos anos 1960 já havia sido a vez de *Primavera silenciosa*, de Rachel Carson. Sem sairmos do mundo anglófono, e a título meramente ilustrativo, podemos recordar também a circulação das obras de Robert Heinlein, Arthur C. Clarke e Isaac Asimov, o aparecimento de séries como *Star Trek*, a estreia de filmes como *Dr. Fantástico* e *2001: Uma Odisseia no*

ram com fervor José Luis de Imaz, Oscar Varsavsky, Alfredo Calcagno, Jorge Ahumada, Héctor Hurtado, Carlos Domingo, Amílcar Herrera e sua equipe da Fundación Bariloche (Kozel & Patrouilleau, 2016). O nome de Darcy Ribeiro se deixa integrar sem problemas a essa lista.

Quanto à diversidade formal, Darcy se permitiu futurizar em passagens de suas obras teóricas, em explorações sistemáticas específicas, em declarações de ocasião, em um ensaio utopizante, em um romance de difícil classificação. Essa heterogeneidade tampouco deveria nos surpreender. Como toda obra portadora de certa densidade, a de Darcy é atravessada por impulsos e disposições parcialmente contraditórios, além de mutáveis ao longo do tempo. Uma obra é, para dizê-lo de alguma maneira, uma bricolagem em movimento, a forja trabalhosa de uma equação simbólica instável, que vai alcançando formulações provisórias. Eventualmente, algumas obras podem ser consideradas mais características, ainda que não convenha pensá-las como definitivas, menos ainda como expressões de uma suposta "essência" autoral. Um "autor" é, em todo caso, uma unidade problemática de propósitos, um itinerário mais ou menos desgarrado, uma voz por meio da qual ressoam ecos de numerosas vozes com as quais a voz em questão conversa, sabendo ou não.[2] Em nenhum caso convém pensar

Espaço (ambos dirigidos por Stanley Kubrick), ou *Corrida Silenciosa* (dirigido por Douglas Trumbull).

2 Este modo de apreciar um itinerário-obra conta entre seus maiores antecedentes com o clássico estudo de Bakhtin (2003) sobre Dostoiévski. Além do mais, as tensões, torsões e matizes que cabe identificar em determinado iti-

os autores como essências nem suas obras como desdobramentos plenamente coerentes de um plano inicial.

O estudo da série textual especificamente futurista de Darcy Ribeiro pode ilustrar tudo isso de modo conveniente, além de oferecer, como adiantamos, um interesse adicional. O protagonismo intelectual e político do autor, os interesses multifacetados e a qualidade de suas elaborações se tornam, em seu caso, uma arena notável para aproximar-se dos modos pelos quais se foi processando simbolicamente uma mudança de época ou, para dizê-lo nos termos de François Hartog (2007), uma mudança de regime de historicidade.[3] Darcy Ribeiro não parecia se referir a algo distinto quando, numa consideração retrospectiva, falava da passagem da "revolução necessária" à "pequena utopia". Em seu laconismo, essa fórmula condensa admiravelmente o que por acaso ocorreu naquela conjuntura da primeira metade da década de 1970, que em vários sentidos foi o portal de entrada ao nosso tempo.

nerário podem ser interpretadas como indicativas de possíveis instabilidades axiológicas, da condição aporética das problemáticas tratadas, dos difíceis ajustes que o intelectual-*bricoleur* deve tentar realizar entre seus propósitos primordiais (e o imperativo de coerência que deles deriva) e as mudanças na correlação de forças no campo respectivo, assim como na dinâmica sociopolítica geral (Devés & Kozel, 2018).

3 Para Hartog, é possível que nos encontremos em um novo "regime de historicidade", distinto daquele predominante na modernidade, o qual estava orientado pelo futuro. Esse novo regime pode ser experimentado de duas maneiras, a partir da posição social ocupada. Para alguns, é o tempo dos fluxos, da aceleração, da mobilidade, dos projetos. Para a grande maioria (trabalhadores informais, excluídos, imigrantes, refugiados...), é um tempo transitório permanente: um presente sem passado e sem futuro real.

Como se recordará, Hartog localiza — não sem matizes — a mudança por volta de 1990; como tentaremos mostrar, no que concerne a vários aspectos decisivos, os ajustes e as acomodações que se podem detectar na obra de Darcy Ribeiro parecem se antecipar mais de quinze anos a essa data. Em geral, e sem questionar a centralidade do momento 1990, pensamos que convém periodizar a (última?) experiência de "crise do tempo" recorrendo a essa dupla marcação. Isso, que possivelmente seja válido globalmente, é decisivo quando nos dispomos a pensar a experiência latino-americana: em vários sentidos, o golpe de Estado de 1973 no Chile foi um choque que marcou a ruptura. Nem todos os atores o sentiram dessa maneira; no entanto, com o passar dos anos, foi ficando claro que com tal acontecimento se encerrou entre nós uma etapa histórica, caracterizada por uma relação mais ou menos específica com a temporalidade e suas dimensões.

Em termos gerais, o desmantelamento massivo de uma grande utopia estruturante coloca os pensadores afetados frente ao imperativo delicado de reinventar-se evitando os abismos da incoerência (enunciar algo que contradiz o que se dizia até ontem) e do anacronismo (seguir enunciando algo que não se ajusta às exigências da nova situação). Diferentemente daqueles que anunciam de maneira ruidosa suas mudanças de posição e dos que se gabam de uma coerência a toda prova, Darcy Ribeiro tendeu a perceber-se como alguém que conseguiu realizar a travessia mantendo relativa fidelidade a suas posições prévias. Há bastante acerto nesta autopercepção: ele foi ajustando seus pontos de vista de maneira gradual, sem abdicar deles por completo. No entanto, como veremos, houve deslocamentos, alguns significativos. O estudo de tais ajustes permite apreciar um tipo de "microrrevolução semântica" (Egido, 2006), isto é, de acomodações que não necessariamente foram presididas por gestos explícitos nem por uma vontade de reformulação integral, e sim coexistiram por meio de persistências, inclusive com assincronismos um tanto desconcertantes.[4]

Tecnologismo e revolução necessária

Entre 1968 e 1972, Darcy Ribeiro publicou os cinco volumes que mais tarde seriam conhecidos como sua série de estudos de antropologia da civilização. Trata-se, respectivamente, de *O processo civilizatório: etapas da evolução sociocultural* (1968); *As Américas e a civilização: processo de formação e causas do desenvolvimento cultural desigual dos povos americanos* (1969); *Os índios e a civilização: a integração das populações indígenas no Brasil moderno* (1970); *O dilema da América Latina: estruturas de poder e forças insurgentes* (1971); e *Os brasileiros: teoria do Brasil* (1972).

4 Não é nossa intenção abordar aqui todas as facetas do itinerário-obra de Darcy e seus possíveis usos e releituras; tampouco queremos reconstruir integralmente sua trajetória. A bibliografia sobre o autor é crescente, um indicativo de que sua obra segue nos interpelando. Ver, entre outros: Pereira Gomes (1992), Mignolo (1995), Coelho (2002), Gomes (2010), Heymann (2012), Miglievich-Ribeiro & Romera Jr. (2015), Coelho & Rocca (2015), Kozel (2018; 2019), Vidal Costa (2021).

Recordemos que o autor concebeu os dois primeiros livros da série em seu exílio uruguaio. Havia chegado àquele país após o golpe de Estado de 1964 que depôs o presidente João Goulart, em cujo governo Ribeiro havia exercido altas funções. Darcy se propôs, então, a escrever um livro que explicasse o que ocorrera no Brasil. Escreveu, mas não publicou: percebeu que o projeto era insuficiente e que era preciso repensá-lo inteiramente, para situar o Brasil na América Latina, a América Latina no mundo e o mundo no processo civilizatório.

Seguramente por ter sido pensada e executada num curto lapso de tempo, a série de estudos de antropologia da civilização constitui um corpo relativamente compacto e consistente em termos conceituais. No fim da década de 1960, Darcy Ribeiro retornou fugazmente ao Brasil, permanecendo preso durante alguns meses. Logo se exilou de novo, na Venezuela, no Chile e no Peru. Durante a passagem pelo Chile, concebeu *O dilema da América Latina*, quarto título da série, publicado em 1971.

Conforme já mencionado, o primeiro volume da série foi *O processo civilizatório*. Uma de suas partes é dedicada à caracterização das "sociedades futuras". A chave interpretativa de Darcy Ribeiro é tecnologista: seu olhar para a história gira em torno do conceito de "revolução tecnológica". Para pensar o futuro, o autor se baseia em bibliografia referente a assuntos militares, espaciais e tecnológicos em sentido amplo.[5] Pergunta se vamos conceber as ino-

5 Entre suas referências destacam-se F. Sternberg, Morton H. Halperin e um livro compilado por Eli Ginzberg.

vações de base termonuclear e eletrônica, acumuladas desde a Segunda Guerra Mundial, como "impulsos aceleradores" ou como "uma nova revolução tecnológica". Responde que parece tratar-se mais do segundo que do primeiro: a revolução termonuclear coloca a humanidade nas fases iniciais de um "novo processo civilizatório". Vemos prefigurado aqui o conceito de "civilização emergente", introduzido e trabalhado tempos depois. A ideia conexa da "nova revolução tecnológica" também reaparece em várias de suas obras posteriores.

A revolução em curso abre enormes possibilidades construtivas, mas também destrutivas e restritivas, que dão forma a uma situação de encruzilhada. Admitindo a dificuldade de formular prognósticos, Ribeiro destaca o peso crescente da atividade científica, assim como a possibilidade e a necessidade de se começar a conduzir racionalmente o processo evolutivo. Tem em conta a acumulação de tensões que são geradas, as quais poderão culminar no rompimento da própria estrutura da sociedade. A transformação em questão não será igual em todas as sociedades. O autor a vislumbra mais harmoniosa nos países socialistas, habituados à planificação, e a prevê mais conflituosa nos países capitalistas avançados, assim como nos países neocoloniais, como os latino-americanos.

O Darcy Ribeiro de 1968 é majoritariamente otimista: considera, não sem lutas entre as tendências progressistas e os defensores dos privilégios, que a prosperidade será generalizada, e o socialismo, universal. Surgirão, em escala mundial, formas novas de difusão dos progressos tecnológico-culturais, nem espoliadoras, nem subordinantes. Quanto aos desafios futuros, pergunta como será gerido o poder de compulsão social sobre a personalidade e como será conduzido racionalmente o processo de socialização. Perto do fim do texto recorda o contraste entre Tocqueville (temeroso quanto a tendências despersonalizantes e despóticas) e Marx (otimista em relação às possibilidades advindas da prosperidade ordenada). Para esse Darcy Ribeiro, o "futuro imediato" é o de Tocqueville ou o de Marx, enquanto o "futuro distante" é, inquestionavelmente, o de Marx. Difícil de prever em suas características concretas, a sociedade futura de Darcy Ribeiro é uma sociedade socialista "de novo tipo", na qual as possibilidades de conhecer e atuar são ilimitadas e o homem já não é adjetivável étnica, racial ou regionalmente: é a civilização da humanidade.[6]

No ano seguinte, Darcy Ribeiro publicou *As Américas e a civilização*. De suas páginas desponta uma memorável tipologia dos povos extraeuropeus, bem como sua caracterização do Brasil como "povo novo", cujas façanhas não estão no passado, mas no porvir. Nessa obra aparece também o conceito de "povo emergente", uma noção que denota e conota questões distintas às abarcadas por "civilização emergente" e que, naquele momento, não tinha espaço para ser aplicada na América Latina, integrada por povos "testemunho", "transplantados" e "novos".

6 É interessante observar como esse Darcy, a partir de uma perspectiva de esquerda, se aproxima de outras propostas que entreviram uma humanidade etnicamente fusionada, como a "civilização do universal" de Pierre Teilhard de Chardin ou a "raça cósmica" de José Vasconcelos.

Em *O dilema da América Latina*, de 1971, há um capítulo intitulado "As Américas no mundo". Darcy Ribeiro contrasta indicadores de desenvolvimento das Américas prósperas e das deserdadas. Os das primeiras são oito vezes superiores, e, de acordo com as séries estatísticas, cabe prever que o serão ainda mais com o passar do tempo. Empregando dados das Nações Unidas, o autor descreve, desse modo, um "abismo que se alarga". Baseando-se nos cálculos e argumentos de S. Kuznets, sustenta que só há um caminho pelo qual a América Latina pode superar o atraso: mobilizar vontades, esforços e recursos como fizeram os países socialistas, em particular a União Soviética e a China. Deixar as coisas entregues a si mesmas suporia condenar-se ao atraso crescente. Darcy Ribeiro alinha suas avaliações com as de Herman Kahn e Anthony Wiener e menciona um interessante debate ocorrido no Brasil sobre o tema.[7] Reafirma assim sua ideia de que não há soluções dentro do capitalismo, sendo o modelo socialista a "saída natural" ao subdesenvolvimento para os países da América Latina: só por meio do socialismo revolucionário pode-se romper, simultaneamente, com a dependência externa e a dominação classista interna (Ribeiro, 1971a, p. 68-72). Tais observações, ainda que situadas num registro distinto — o das projeções de séries estatísticas demográficas, econômicas, distributivas — daquelas de *O processo civilizatório*, são em sua maior parte consistentes com elas e, a seu

7 As projeções de Kahn e Wiener para a América Latina foram contestadas pelos tecnocratas brasileiros do chamado "milagre econômico", que projetavam que o Brasil iria superar aquele abismo, não o aprofundar.

modo, portadoras de futuridade. Em termos gerais, *O dilema da América Latina* é, provavelmente, o livro de Darcy no qual é possível apreciar com maior nitidez o cultivo do tópico da "revolução necessária" como horizonte para a América Latina, e não somente para ela.

Ainda nos tempos da Unidade Popular, Darcy Ribeiro deixou o Chile para se estabelecer no Peru governado por Velasco Alvarado. Num testemunho retrospectivo, Darcy afirmou ter futurizado no Peru. Nesses anos, concebeu e dirigiu o projeto denominado PER. 71/550, sediado no Centro de Estudos de Participação Popular (Centro), dentro da órbita do Sistema Nacional de Apoio à Mobilização Social (Sinamos) e vinculado a espaços internacionais como a Organização Internacional do Trabalho (OIT) e o Programa das Nações Unidas para o Desenvolvimento (PNUD). Entre seus colaboradores, figuraram especialistas como Carlos Eduardo de Senna Figueiredo, Abraham Guillén, Renzo Pi Hugarte, León Schujman, Benjamín Zacharias, Francisco Delich e Oscar Varsavsky (Vidal Costa, 2021). No entanto, até onde sabemos, não ficaram marcas textuais claras dessas mencionadas futurições.

Crise do tempo

Nos últimos anos de exílio, podemos notar sinais de um deslizamento na obra de Darcy Ribeiro — ainda incompleto, nunca finalizado nem explicitado. Um primeiro sinal, antecipatório, está em "O abominável homem novo". Trata-se de uma resposta de nosso autor a um questionário enviado pelo jornalista italiano Sergio Zavoli a importantes intelectuais do mundo, sobre como poderia ser o "homem do futuro" — se futuro houvesse para a humanidade. Datamos esse texto em aproximadamente 1972, porque foi nesse mesmo ano que fragmentos dele apareceram num livro (hoje raro) de Zavoli sobre o tema,[8] para o qual provavelmente tal questionário havia sido pensado como um insumo.

Ali Darcy Ribeiro perfila um futuro distante e outro intermediário. O distante poderá ser o do abominável homem novo, que talvez morra de fastio, ou terá de se refugiar nas "assombrosas possibilidades químico-espirituais de felicidade ersatz" proporcionada pelas drogas (Ribeiro, 1988b, p. 57). O intermediário poderá corresponder à "Era da Grande Tarefa", consistente em buscar a superação das distâncias abismais que separam os homens de acordo com suas condições materiais de existência: uma batalha bela. Em relação ao futuro distante, paira a pergunta acerca de como poderão continuar existindo vidas que valham a pena; na falta de um projeto de condução racional da história, talvez o homem não saiba o que fazer nem por que lutar. É interessante notar a apropriação do significante "homem novo" num sentido diferente do então predominante: o adjetivo "abominável" incorpora uma forte nuance irônica e

8 Trata-se de um livro esgotado, com referências eletrônicas fragmentárias. A presença da resposta de Darcy Ribeiro se pode comprovar de maneira indireta, por meio de outras obras que analisam o livro. Sem dúvida, é um tema para futuras investigações.

crítica.[9] O tema das possibilidades químico-espirituais de felicidade ersatz estava, naturalmente, no humor da época: por exemplo, é de 1971 o hilariante romance de ficção científica de Stanislaw Lem, *O incrível congresso de futurologia*, que trata magistralmente da questão.

Como será visto a seguir, há uma linha clara que liga essa reflexão à introdução de "Venutopias 2003", ao capítulo "Utopia burguesa multinacional", de *Utopia selvagem* — com sua referência, que podemos chamar de quase profética, ao matrimônio da engenharia genética com a cibernética frenética — e à parte final do ensaio "La civilización emergente". Na intervenção de 1972, aparece pela primeira vez nos textos de Darcy Ribeiro um futuro mais duvidoso, sombrio. É revelado um misto de fascínio e preocupação com os desenvolvimentos do transumano. São apresentadas algumas críticas mais explícitas ao eurocentrismo e dúvidas em relação à inevitabilidade da revolução. Já é mais difícil encontrar uma teleologia da história mais nítida — apesar das referências que ainda surgem de "povos atrasados" — em outros tempos históricos. Aqui Darcy duvida mais abertamente da "civilização ocidental". É muito interessante comprovar de que maneira em 1972 despontam elementos associados ao movimento que levaria Darcy a percorrer caminhos afastados do tópico da revolução necessária, que havia alcançado um nível paroxístico pouco tempo antes. De todo modo, a resposta de

9 O conceito pode ser encontrado em diversas formulações de pensadores/militantes críticos da época: Ernesto Guevara, Frantz Fanon, Amílcar Cabral e tantos outros.

1972 é uma intervenção que não foi produzida para tornar-se pública, ao menos não em sua totalidade. O tom disso que foi publicado anos mais tarde como "O abominável homem novo" é de alguém que, efetivamente, "pensa em voz alta".

Não será o caso de "Venutopias 2003", provocativo artigo elaborado e publicado depois do golpe de Estado chileno de setembro de 1973, a convite do jornal *El Nacional* de Caracas.[10] Nele os elementos mencionados anteriormente se explicitam e surge um novo e fundamental componente que podemos chamar de "utopia pastoril". Por ser o primeiro texto com tais características escrito pelo autor com vistas à publicação, em particular por introduzir esse novo elemento de um "futuro passadista", nós o consideramos um marco no pensamento de Darcy Ribeiro.

"Venutopias 2003" é um texto muito importante para nós. Seu interesse radica basicamente em duas questões. Primeira: nas considerações preliminares, reveladoras de sua lucidez para abordar os desafios tanto da futuração quanto das características das sociedades em questão, Darcy Ribeiro reintroduz o significante "homem novo" com o mesmo tom irônico e crítico da intervenção de 1972. Afirma que, com o fim das práticas tradicionais orientadas a produzir personalidades equilibradas, será necessário criar formas artificiais de fazê-lo. Para produzir os equivalentes culturais das novas invenções tecnológicas, seria preciso desmontar e remontar o ser hu-

10 O breve ensaio foi republicado em compilações posteriores, por exemplo Ribeiro (1988a).

mano, programá-lo: "estamos condenados a aceitar a necessidade de experimentar com o humano, assumindo os riscos que isso encerra" — escreve com ênfase, para advertir em seguida: "um erro conduzirá ao risco de levar ao desastre toda a supertribo, por fim unificada" (Ribeiro, 1988a, p. 153). O "homem novo" será um homem programado: assim serão "os netos de nossos netos", abomináveis segundo nossos parâmetros, mas, talvez, mais fortes e eficazes, mais livres e criativos: pela primeira vez na história, o homem será não o produto da necessidade, mas o resultado de um projeto.

Segunda: o fato de que, enquanto as duas primeiras utopias para a Venezuela (venutopias) apresentadas ("Mais para mais" e "Mais para menos") se mantêm na linha que viemos descrevendo — recorrendo a combinações de prospecções econômicas, demográficas e distributivas —, a terceira ("MAS" é, simplesmente, a sigla do Movimiento al Socialismo venezuelano) introduz uma novidade substantiva: a de propor para a Venezuela uma "utopia estética" inspirada nos índios Makiritare (ou Ye'kwanas). Com isso, nosso autor "devolve" aos venezuelanos a existência pastoril "pela qual sempre suspiramos", o "desejo de beleza" e o "acesso à sabedoria". Ao que tudo indica, é a primeira vez que aparece na bricolagem em movimento de Darcy Ribeiro uma valoração desse tipo. Ainda que tenha visto os indígenas sempre com respeito e empatia, considerava que estavam condenados a permanecer na insignificância ou a evaporar-se nos meandros da "transfiguração étnica".[11] Conclui Darcy: "Perdoem-me os que pensam que proponho simplesmente *remakiritizar* a Venezuela. Minha imaginação formada nestes duros anos não tem potência para mais. E meu coração esgotado não deseja mais. Viva o MAS" (Ribeiro, 1988a, p. 158).[12]

Essa peculiaríssima futuração se sustenta sobre algo que já ocorreu e que poderia retornar em novas circunstâncias: a aparição intempestiva do indígena num cenário de futuro desejável possui uma enorme relevância para nós. Convém situar, em 1972-1973, a "quebra" de determinada experiência da temporalidade. A imagem de ser humano ali projetada é contraditória ou complementar à do "homem novo programado"? Dá toda a impressão de que essa venutopia estética (que vem associada a comentários críticos sobre a condição alienante das formas de produção e consumo prevalecentes) cumpre, antes de tudo, uma função crítica, libertadora, catártica; a frase conclusiva nos autoriza a pensar assim. Contudo, há textos darcyanos dessa época e ainda de épocas posteriores que tematizam essa questão de outros modos, ou que não tratam dela diretamente. A isso nos referíamos quando falamos anteriormente de assincronismos.

11 A transfiguração étnica é o elemento-chave para a formação de "povos novos". Tipos mestiços como os filhos de brancos e índias não são aceitos como brancos e não se consideram índios. Ocorre o mesmo com as novas gerações de negros escravizados, já desafricanizadas pela escravidão: se são frutos de relações de brancos com negras, não podem definir-se como brancos e não querem definir-se como africanos. Essas duas "ninguendades" são a base para os povos novos, a conclusão daqueles processos de transfigurações étnicas.

12 Ao que parece, o jornal retirou a última frase daquela primeira edição do ensaio.

Tendo sido diagnosticado com um câncer quando residia no Peru governado por Velasco Alvarado, Darcy Ribeiro retornou ao Brasil. A ditadura permitiu o regresso, possivelmente supondo que ele logo morreria. Não obstante, Darcy recuperou-se. Teve de retirar-se mais uma vez, no entanto retornou pouco depois. Estabelecido definitivamente no Brasil em 1976, retomou a atividade política. Nos anos 1980 foi vice-governador do estado do Rio de Janeiro, acompanhando Leonel Brizola.

A partir de 1976, Ribeiro escreveu quatro romances e publicou alguns ensaios nos quais, diante da necessidade de maiores fundamentações, remetia seus leitores à série de 1968-1972. Deixando de lado sua obra literária, nenhum dos materiais publicados a partir de então pode ser comparado, em ambição e dimensões, com os da série de 1968-1972. A única exceção é *O povo brasileiro*, de 1995, que Darcy Ribeiro devia a si mesmo desde meados da década de 1960 e publicou aos setenta anos, depois de experimentar uma segunda desistência em torno de sua elaboração no começo dos anos 1970. Com isso, a pentalogia se tornou hexalogia, ainda que de forma especial. Submetido a intensas reescrituras, o livro sobre o Brasil "foi e não foi" o previsto originalmente, de modo que "faz e não faz" parte da série. Havia se passado um quarto de século.

Na pentalogia de 1968-1972, Darcy Ribeiro havia destacado, e buscado explicar, a condição subdesenvolvida e dependente das sociedades latino-americanas, bem como o caráter alienado e espúrio de sua cultura. Nesses estudos, nem a América Latina, nem o Brasil, nem as etnias indígenas tenderam a ser conceituados como culturas especialmente valiosas nem como civilizações específicas. Após seu retorno ao Brasil, temos a impressão de que Darcy Ribeiro foi adentrando um caminho distinto, mais ligado às possibilidades contidas em "Venutopias 2003". Por um lado, pôs em questão, de maneira crescente, a avaliação positiva da experiência dos países mais avançados e dos supostos avanços associados à transformação civilizatória em gestação; por outro, abriu-se para a apreciação de uma série de características da América Latina, do Brasil e das etnias indígenas em chave positiva. Essa dinâmica pode ser ilustrada por distintas passagens de suas intervenções — por exemplo, nas crescentes denúncias do eurocentrismo e na proposta de entender o Brasil e a América Latina como a "nova Roma tropical". Também considerando-se algumas iniciativas concretas em sua atividade política, como o apoio ao xavante Mário Juruna (primeiro deputado federal indígena do país), e sua participação em projetos como o Sambódromo do Rio de Janeiro e o Memorial da América Latina em São Paulo, ambas as obras a cargo de Oscar Niemeyer.

No entanto, não devemos perder de vista que se trata de uma dinâmica sinuosa e sutil que, além disso, coexiste com a alusão constante a suas propostas anteriores. Como antecipamos, o conceito de "microrrevolução semântica", introduzido por Luciano Egido (2006, p. 34) para pensar dinâmicas identificáveis no itinerário do último Unamuno, pode ser produtivo para dar conta de processos assim: ainda que inegáveis, os deslizamentos semânticos e o aparecimento de certas novidades não são indicativos de um desmantelamento massivo dos pontos de vista prévios nem, tampouco, de sua reformulação integral semântica.

O movimento é a tal ponto perceptível que leitores mais próximos de nós falam, por exemplo, de um Darcy Ribeiro indigenista ou da América Latina como "civilização emergente" — e inclusive são encontradas reapropriações de sua obra em chave decolonial (Mignolo, 1995; Colombres, 2008; Devine Guzmán, 2009). Esses estudiosos consideram não tanto os conteúdos de sua pentalogia (por vezes, os títulos ou certas fórmulas isoladas), e sim mais seus aportes posteriores a 1975. Provavelmente, trata-se de um Darcy Ribeiro mais próximo de nossos interesses. Contudo, é preciso admitir que esse é apenas um dos Darcy Ribeiro possíveis. Um de nossos aportes aqui é localizar quando e de que complexas formas despontou a modulação que, de alguma maneira, o desdobrou ou o transfigurou. Mencionamos 1972-1973; consideremos o esgotamento dos processos chileno e peruano, a experiência da doença possivelmente terminal e o retorno a um país ainda em ditadura.

Os romances *Maíra* (1976) e *Utopia selvagem* (1982) são elaborações artísticas das experiências de Darcy Ribeiro com distintas populações indígenas, com as quais havia convivido na década de 1950, depois de graduar-se antropólogo. Ambas as obras não devem ser contrastadas somente com sua produção científica (a penta/hexalogia), mas, adicionalmente, devem ser inseridas na tradição do romance de temática indígena no Brasil, em particular *Macunaíma*, de Mário de Andrade — um excelente panorama a respeito pode ser consultado em Santos (2009).

Vamos restringir nossos comentários a *Utopia selvagem*. A narração é centrada nas peripécias do tenente Gasparino Carvalhall na selva, personagem que vai mudando de identidade ao longo de sua aventura, primeiro entre as icamiabas (amazonas) e depois entre os índios Galibi ou Kali'na. Com os Galibi também vivem duas monjas, uma protestante ("velha e feia") e outra católica ("jovem e linda"). A história é narrada majoritariamente em terceira pessoa (ainda que as personagens, em particular Carvalhall, tomem a palavra com frequência), e são habituais as intervenções do narrador sob a forma de digressões, às vezes extensas, introduzidas por meio de fórmulas do tipo: "Aqui entre nós, leitor/a..."; "Falemos sério, leitor/a...".

Apresentado como fábula, *Utopia selvagem* não possui moral da história em sentido estrito. Prevalece uma atmosfera hilariante, até delirante, na qual o caapi (ayahuasca) é o protagonista, especialmente na segunda parte. O efeito buscado parece ser a desestabilização das certezas que porventura tenha o leitor. A palavra "utopia", presente no título, bem como dois capítulos de incríveis projeções, intitulados "Brasis" (no qual são apresentados, em contraponto, o Brasil das monjas e o do tenente) e "Próspero", conectam abertamente o romance com os afãs de futuração darcyanos. O extenso interlúdio alegórico intitulado "Próspero" interrompe a história para que o narrador caracterize a "Utopia Burguesa Multinacional" (UBM). Para fazê-lo, "baseia-se" nas anotações de um espião da KGB, furtadas por um agente da CIA, as quais caíram nas mãos de um comandante cubano que as emprestou "ao meu amigo Pancho Guerra", a quem o narrador encontrou durante uma viagem pelo México. A UBM se aproxima bastante de uma distopia: "Fé e Império se encarnam e se casam para serem gumes do mesmo gládio: o Imperador Impoluto e Próspero Informático" (Ribeiro, 2014, p. 109).

Satisfeitos os prazeres elementares, os utopianos da UBM estão quase libertos da incomodidade do pensar e da dor de viver. Tudo nesse capítulo é alegoria e delírio. Delírio alegórico; alegoria delirante:

> [...] cada pessoa, a partir de dez anos de idade, tem implantado no pulso esquerdo um Televisor Ecumênico (TVE) e um Canal Fidibeque (CF).
>
> O Televisor Ecumênico dá acesso imediato a qualquer programa, filme, livro, curso ou informe que o utopiano deseje ou que lhe seja receitado. O Canal Fidibeque possibilita comunicação audiovisual direta com Próspero, seja para receber, seja para transmitir informações, opiniões, votos, opções, aulas, instruções e ordens. Serve, também, para solitários jogos orgásmicos.
>
> Como um perfeito sistema leva e traz, o CF serve, ainda, para chamar a atenção do utopiano para algum tópico que interesse especialmente a Próspero, o que ele faz com apelo a recursos sônicos e eletrônicos. [...] Através deste instrumental é que, na Utopia, se garante a conscrição espontânea e alegre de toda a cidadania, tanto para o convívio ameno com seus semelhantes, como para o bom cumprimento dos deveres na esfera do trabalho, da produção e da educação. (Ribeiro, 2014, p. 112-4)

O sistema se ocupa da "supertarefa" de programar o *Homo Ciberneticus*, resultado do matrimônio da engenharia genética com a cibernética frenética. De acordo com o narrador, foram as Corporações Multinacionais que cristalizaram e converteram em rotina o Milagre, fazendo dele uma Civilização. Dirigindo-se ao leitor, o narrador assinala que o que diz o documento pode referir-se ao Brasil de Carvalhall, ou ao das monjas: "onde estamos nesta confusão cubana?". Prossegue: "A hipótese que ofereço a você como plausível é que se trata de um enésimo Brasil que devemos juntar aos já catalogados. Entretanto, não afasto completamente a possibilidade de se tratar de um logro" (Ribeiro, 2014, p. 123).

Nesse mesmo sentido, é interessante revisar também o capítulo intitulado "Felicidade senil" e considerar, com especial atenção, a seguinte passagem, talvez a mais próxima de uma moral da história que apareça na obra:

> Mas não pense o leitor que advogo o retorno à Barbárie. Longe de mim tal disparate. O que tenho é uma incurável nostalgia de um mundo que bem podia ser, mas jamais foi e que eu nem sei como seria e se soubesse não diria.
>
> Verso estes jogos utópicos forrado de cautela. Suspeito muito que reformar a sociedade — desfazendo-a, para refazê-la melhorada —, embora indispensável, seja um trabalho muitíssimo arriscado e complicado. Muito mais, certamente, do que desmontar uma vaca e remontá-la, capaz de mugir melhor e dar bom leite.
>
> Stálin tentou e deu com os burros n'água, mas afiançou o socialismo, no cerco.
>
> Mao dobrou a parada de nossas esperanças

enquanto praticou jardinagem, e vetou o mandarinato.

Fidel, imprudente, insiste. Persistindo na loucura, acabará demonstrando que a Galibia Martiana há de florir.

Eu torço pra dar certo: há de dar! Há de dar! — Muito bem. Tomara! Secunda, lá do Céu, Nosso Senhor Jesus Cristo, que afinal entrou na política. (Ribeiro, 2014, p. 141)

Pequena utopia e incerteza

Publicado na revista *Nueva Sociedad* em meados de 1984, "La civilización emergente" é, talvez, o exercício de futuração mais recordado de Darcy Ribeiro. Nas primeiras páginas, o autor sintetiza a tipologia que havia apresentado em *As Américas e a civilização*. Preserva a valorização dos povos novos, como o Brasil, enquanto prefiguração de uma humanidade futura, mestiça e fraternal. Incorpora um elemento novo: à diferença do que se havia pensado "até recentemente", os indígenas latino-americanos não necessariamente oscilarão entre a insignificância tribal e a assimilação anônima, mas tenderão a parecer-se com outros "povos emergentes" do mundo, que aspiram legitimamente à direção de seu destino. Ao refletir sobre isso, Darcy prevê o surgimento de conflitos interétnicos na América e recomenda o favorecimento da tendência à afirmação étnica:

Todo o conhecimento comparado de situações semelhantes, já ocorridas, nos autoriza a asseverar que — ao menos que se apele ao genocídio mais cruel — no futuro haverá mais pessoas com identidades étnicas diferenciadas do que existem hoje, que elas continuarão falando suas línguas e que suas singularidades étnico-culturais serão predominantemente afirmadas. Como o inevitável, se não é o melhor, é pelo menos o mais dissuasivo, o recomendável é favorecer essa tendência para não condenar povos já tão sofridos a um sofrimento maior.

Tudo isso é notável, já que não se trata somente de previsão incoativa e de preconização, mas também, em boa parte, de previsão verificada.[13]

Crítico de qualquer tipo de disposição etnocida, Darcy Ribeiro se refere em chave positiva aos casos galês e basco. Paralelamente, menciona a suburbanização alucinada das grandes cidades latino-americanas para prognosticar uma futura guerra das forças armadas contra as massas de jovens marginalizados. Anota que os trabalhadores imigrantes presentes na Europa vão definir-se como novas minorias étnicas emergentes. Como podemos ver, o autor retoma preocupações e categorias prévias, ajusta-as, as *aggiorna*, desloca-se, habita múltiplas assincronias.

A parte final do ensaio, intitulada "Revoluções culturais", é fundamental. Nela são abordados diversos desafios diretamente derivados da revolução tecnológica em curso: o movimento verde, o movi-

13 Em seu extenso e exaustivo estudo sobre a profecia na obra de Ortega y Gasset, José Gaos (1992) perfilou uma série de distinções de alto refinamento: previsões, quase-previsões, corpos de previsões, previsões soltas, predições incoativas, profecias (entendidas como previsões verificadas), além de atender às modalidades lógicas e gramaticais das afirmações preditivas (categóricas, hipotéticas, disjuntivas...).

mento feminista, o movimento pacifista. Relaciona ao movimento feminista a "anacronia irremediável" dos construtores básicos da personalidade e dos organizadores básicos da conduta humana: talvez estejam feridos de morte, estamos obrigados a refazê-los. Novamente, se pergunta se seremos capazes de reinventar a própria condição humana. Quanto à paz e à guerra, Darcy sustenta que não apenas a perspectiva de uma guerra terminal é uma ameaça; também o é o advento de uma nova e tétrica *pax romana*. Assinala que o medo da paz une os senhores da guerra e os amos do lucro e antecipa guerras protagonizadas por artefatos cibernéticos autoguiados. De novo, acerta em quase tudo.

Quanto à economia, destaca a incapacidade da economia mundial para implantar a prosperidade geral. Essa economia enlouquecida, desequilibrada e paranoica gera um imenso exército de mão de obra excedente. Os vínculos de dependência se reforçam. Os povos do Terceiro Mundo suspiram por uma pequena e modesta utopia inalcançável. Sua existência permite ao autor imaginar uma revolução dos pobres. Entretanto, logo reconhece que, entregue à própria sorte, o pauperismo não faz revoluções sociais. Afastada essa possibilidade, tematiza outra ameaça que o preocupa fortemente: uma era de fome e idiotização no marco de uma civilização obsoleta, de coração endurecido. Frente a esse panorama — afirma —, a vida dos povos pobres será uma batalha por ideais muito concretos. Uma batalha bela e árdua. Mais uma vez, parece ter conjecturado bem.

Enquanto isso, Darcy Ribeiro reuniu escritos sobre a América Latina e a defesa de sua integração no volume *América Latina: a pátria grande*, de 1986. O tom dos ensaios se sobrepõe a partes de *As Américas e a civilização*, segundo volume da série de 1968-1972. Nessa franja textual, constata-se sobretudo muita convergência com as propostas do filósofo mexicano Leopoldo Zea e, em geral, com a retórica do latino-americanismo clássico. A chave para o futuro da região está na mestiçagem. Entre os elementos que nos unificam se destaca o legado da colonização ibérica. Dessa experiência herdamos um papel subordinado e dependente no mundo. Capitalista e ocidental desde o começo, a América Latina — periferia do Ocidente — se manteve nessa condição após as independências. Esse passado deixou aspectos positivos: a unidade de tantos povos em vastos territórios devido à ação do mesmo "processo civilizatório" e principalmente a mestiçagem. Apesar de originada a partir de circunstâncias de exploração, genocídio e racismo, essa mestiçagem nos posiciona bem em relação ao futuro. Mais que isso: dada a combinação das heranças branca, negra e indígena, a América Latina poderia salvar o Ocidente, contribuindo para a gestação de uma nova civilização mais solidária, aberta, amorosa. O Brasil e toda a região são caracterizados como uma "nova Roma". Somos pobres, mas acabamos de começar. Vale mais uma "pobreza inaugural" do que uma "opulência terminal": nossa missão seria "refazer" o mundo.

Futuro tão fantástico não foi, evidentemente, o projeto dos colonizadores portugueses e espanhóis, que buscavam, antes de tudo, explorar empresas e gentes. A mestiçagem não derivou de nenhuma brandura ou doçura dos ibéricos: foi uma consequência não intencional. Darcy Ribeiro apresenta as elites da região como herdeiras dos colonizadores e ambos como canalhas, etnocidas, genocidas. Entretanto, também os descreve como portadores de um tipo de racismo distinto do racismo anglo-saxão: o nosso estaria baseado na cor da pele; o outro, na herança genética. Não vamos adentrar aqui nesse debate terrivelmente espinhoso. O que nos importa agora é destacar que Darcy Ribeiro relaciona essa nossa ênfase na cor da pele às estratégias de "embranquecimento" que estariam na base da criação de "povos novos" por meio da mestiçagem. Tais pontos de vista introduzem certa tensão — que um olhar sistemático deveria elaborar — em relação à reivindicação dos processos de afirmação étnica, mais ligada a posições que hoje designaríamos como pluri ou interculturais. Tem-se a impressão de que, aos olhos do Darcy Ribeiro dessa etapa, nossas sociedades seriam mestiças, contendo povos emergentes cuja afirmação deveria ser promovida.

Nesses escritos, parece que Darcy Ribeiro toma os pontos de vista de Gilberto Freyre — a quem admirava — sobre a mestiçagem e os inverte. De alguma maneira, Freyre é para Darcy o que Hegel foi para Marx; onde Freyre via um imenso Portugal ou uma imensa Ibéria, Darcy via o sonho de Bolívar a ponto de se tornar realidade. Isso porque Freyre enfatizava a agência do colonizador português e de algum modo a entendia positivamente: era a mestiçagem original do português o que garantia um futuro grandioso ao Brasil como o auge da civilização lusotropical. Ao contrário, para Darcy, a mestiçagem era obra da violência, consequência não intencional da colonização, e o Brasil — e a América Latina — tinham futuro como povos novos, sendo mais que extensões renovadas de civilizações europeias. Além disso, se Freyre enfatizava a presença negra mais que a indígena na formação brasileira, Darcy considerava mais o indígena em suas análises.

A partir da consecução da Pátria Grande, Darcy Ribeiro via a geração de um "novo Ocidente", cuja missão seria humanizar o mundo e resgatar o gosto e a alegria de viver. Ao abordar esses temas, ele parece, por momentos, tornar-se mais messiânico, bastante próximo, inclusive, da sensibilidade presente em uma obra como *La raza cósmica*, do pensador mexicano José Vasconcelos. Se o horizonte não é mais o da revolução, é o de um futuro grandioso para o Brasil e a América Latina e, mais além, o de uma renovação do Ocidente. Empregando a linguagem de Gaos, não é difícil constatar que esse "corpo de previsões" não se verificou.

Darcy Ribeiro retomou abertamente esses temas em sua obra-testamento: *O povo brasileiro*. Esse livro, pensado, repensado e abandonado tantas vezes, é, possivelmente, o trabalho mais poético do autor. Ademais, é um tipo de balanço pessoal: retoma elementos de sua imensa produção prévia enquanto reelabora aspectos de seu pensamento. Interessa a nós destacar como argumenta sobre a novidade do povo brasileiro: um povo que não deve pensar-se como uma repetição retardada do passado europeu, mas que deve aspirar a um "novo futuro". Porém, o novo é bloqueado pelo velho. Nesse diagnóstico, os temas e os motivos da série de 1968-1972 reaparecem. O povo brasileiro ainda não existe "para si", pois desempenha o papel de proletariado externo no mercado mundial e de massa explorável para as classes dominantes locais que o oprimem. A contradição deve resolver-se para que esse povo "em potência" possa finalmente sê-lo.

Vale a pena nos determos para examinar a parte conclusiva desse livro derradeiro, intitulada sugestivamente "O destino nacional". Darcy Ribeiro se refere ali tanto ao Brasil quanto à América Latina, convoca e mobiliza múltiplos motivos, desde a noção bolivariana do "pequeno gênero humano", recriada e relançada em direção ao futuro, até a ideia de uma neolatinidade como grande bloco supranacional — sendo o Brasil sua maior nação — em meio a outros blocos, passando por uma adjetivação-profética de signo eminentemente favorável: nossa civilização neolatina será melhor, mais alegre, mais generosa. Notemos, de passagem, que o uso instável do conceito de civilização persiste e é intensificado. Civilização é tanto a civilização emergente devido à revolução tecnológica em curso (uso predominante na obra do autor, baseado nas propostas do livro que abriu a pentalogia) como, dita em plural, cada um dos blocos supranacionais do mundo, entre eles o neolatino. A passagem seguinte condensa de maneira excelente as características principais do último dos futuros de Darcy Ribeiro, com suas instabilidades, tensões e riquezas:

> Nosso destino é nos unificarmos com todos os latino-americanos por nossa oposição comum ao mesmo antagonista, que é a América anglo-saxônica, para fundarmos, tal como ocorre na comunidade europeia, a Nação

Latino-Americana sonhada por Bolívar. Hoje, somos quinhentos milhões, amanhã seremos um bilhão. Vale dizer, um contingente humano com magnitude suficiente para encarnar a latinidade em face dos blocos chineses, eslavos, árabes e neobritânicos na humanidade futura.

Somos povos novos ainda na luta para nos fazermos a nós mesmos como um gênero humano novo que nunca existiu antes. Tarefa muito mais difícil e penosa, mas também muito mais bela e desafiante.

Na verdade das coisas, o que somos é a nova Roma. Uma Roma tardia e tropical. O Brasil é já a maior das nações neolatinas, pela magnitude populacional, e começa a sê-lo também por sua criatividade artística e cultural. Precisa agora sê-lo no domínio da tecnologia da futura civilização, para se fazer uma potência econômica, de progresso autossustentado. Estamos nos construindo na luta para florescer amanhã como uma nova civilização, mestiça e tropical, orgulhosa de si mesma. Mais alegre, porque mais sofrida. Melhor, porque incorpora em si mais humanidades. Mais generosa, porque aberta à convivência com todas as raças e todas as culturas e porque assentada na mais bela e luminosa província da Terra. (Ribeiro, 2015, p. 332)

Conclusões

O caminho percorrido não foi exaustivo. No entanto, permite-nos concluir perfilando uma hipótese em dois passos e uma reflexão.

Primeiro, a hipótese.

Passo um. O processamento intelectual do estremecimento associado ao desmonte da utopia norteadora da "revolução necessária" (ligada ao tema da "universalização do socialismo") assumiu, em Darcy Ribeiro, a forma de uma mudança de ênfase. Por meio dela, foi deixando de pensar na América Latina quase exclusivamente como um espaço passivo no processo civilizatório e, portanto, subdesenvolvido, dependente e de cultura alienada e espúria, para começar a concebê-la como um âmbito com elementos civilizacionais específicos e promissores. Essa dinâmica não teve lugar de maneira autoproclamada, tampouco completamente linear. Foi um processo tácito, sutil e marcado por assincronismos e dúvidas. Entretanto, sua gênese pode ser datada com bastante precisão. Uma nova relação com a temporalidade se anuncia na intervenção de 1972, move-se numa direção muito específica em "Venutopias 2003" e afirma-se com a virada à literatura, em especial nas páginas de *Utopia selvagem*. Culmina na afirmação da Nova Roma tardia e tropical (já mencionada naquele romance) ao término do itinerário.

Passo dois. No que concerne especificamente a suas futurições, verifica-se que, não sem certo paradoxo, nos anos correspondentes à pentalogia (1968-1972) eram mais robustamente otimistas, ou talvez mais teleológicas: a "revolução necessária" era o salvo-conduto ou coringa que permitiria superar acrobaticamente todas as encruzilhadas e interrogações. Pelo contrário, na fase posterior, detecta-se uma nova e dupla disposição nos textos darcyanos: de um lado, aprecia em chave positiva uma série de características latino-americanas e brasileiras e põe em questão a valorização unilateral das sociedades mais avançadas; do outro, visivelmente tematiza incertezas e perplexidades sobre o futuro, em especial sobre o futuro "distante". Pensando no "médio prazo", o Darcy Ribeiro dos anos 1980 valoriza, como vimos, a luta para reduzir as assimetrias e as desigualdades, mas o faz, ao que parece, numa chave mais existencial que teleológica. Além disso, a aposta está mais na afirmação de uma nova civilização brasileira e latino-americana comparativamente melhor, e menos numa revolução universal. O fato de que a "pequena utopia", associada tanto às reivindicações identitárias quanto à batalha bela e árdua para reduzir as assimetrias (ambas ligadas, ao menos em parte, ao entusiasmo do autor em relação às dinâmicas de afirmação étnica), torne-se, às vezes, messianismo redentor de maior alcance pode ser interpretado como uma acrobacia ou um ponto de fuga retórico. Seu olhar sobre o futuro combina, como dissemos, perplexidade e incerteza, conjuradas em parte por vias catárticas, dentre as quais talvez caiba incluir o referido messianismo redentor de sabor mestiçofílico.

Seja como for, nas duas etapas predomina uma disposição que chamamos tecnologista. Não apontamos isso com ânimo crítico, pelo contrário. Muitas das considerações de Darcy Ribeiro, as teóricas, as proféticas e as catárticas, podem ser relacionadas a elaborações muito atuais que questionam o impacto das novíssimas tecnologias sobre a subjetividade, a política e a cultura. Pensamos, por exemplo, em Éric Sadin, em Evgeny Morozov, em Byung-Chul Han, em Yuval Harari. Não é um exagero dizer que, em vários de seus prognósticos, Darcy acertou ou esteve bem perto de acertar. Ao menos no sentido de localizar, com precisão surpreendente, boa parte dos temas que, três ou quatro décadas depois, definem as agendas de debate.

Finalmente, a reflexão.

Sugerimos que seria um erro entender que, ao pôr em relevo a trabalhosa forja de uma equação e suas distintas versões, ou ao exibir as lutas entre a voz autoral, outras vozes (dentre as quais os desdobramentos da própria voz) e os respectivos contextos, retiramos os méritos teóricos de um pensador. Nosso propósito não foi esse, e sim outro bem distinto: o de historizar, para melhor compreender, para estar em condições mais adequadas de peneirar o teoricamente pertinente, de dimensionar o desestabilizador, de praticar o riso catártico, de processar os traços de sabedoria vital que cabe entrever nas elaborações darcyanas.

Em sua bricolagem em movimento, há avaliações sobrepostas sobre as etnias indígenas, o mestiço, a natureza, a civilização ocidental, os avanços tecnológicos, a soberania nesse campo. Além disso, coexistem, em dinâmica tensão, um tipo de globalismo e uma espécie de nacionalismo — que se move para um latino-americanismo de grande bloco que oscila entre a valorização da mestiçagem e a apreciação em chave positiva dos movimentos de afirmação étnica. A presença dessas superposições dinâmicas faz com que o legado de Darcy Ribeiro possa ser recuperado a partir de distintas chaves de leitura, conforme se acentue uma dimensão ou outra. Pode haver, para um pensador, um modo melhor de permanecer vivo?

Em especial, o segundo Darcy Ribeiro segue vigente nos mais recentes resgates e releituras de sua obra. Não nos surpreende. Cultores de posições pós-coloniais, decoloniais, pluriculturais ou associadas a uma teoria crítica *aggiornada* têm muitas afinidades eletivas com esse Darcy Ribeiro mais crítico e afastado do ocidentalismo extremado, da teleologia, do eurocentrismo, do horizonte de uma revolução universal.[14] Em especial, no Darcy Ribeiro posterior a 1972-1973 é possível buscar elementos para a reconstrução de uma utopia latino-americana sensível tanto aos processos de mestiçagem quanto às dinâmicas de afirmação étnica e de emergência civilizacional. Também para a valorização, em chave renovada, daquela existência pastoril "pela qual sempre suspiramos", do "desejo de beleza" e do "acesso à sabedoria". Igualmente, para o riso libertador sus-

14 O que não significa considerá-lo um autor pós-colonial ou decolonial (neste último caso *avant la lettre*), como o fazem Miglievich-Ribeiro e Romera Jr. (2015). "Todos" os Darcy Ribeiro estiveram muito preocupados com a questão da nacionalidade (brasileira ou latino-americana), muito influenciados pelo marxismo e atravessados pelo tema tecnológico para serem incluídos sem mais nesses rótulos. Darcy Ribeiro em si mesmo não completou nenhum "giro decolonial". O que não significa que não possa ser reapropriado contemporaneamente sob essa ou outra perspectiva. Porém, com a condição de se explicitar que se trata precisamente disto: uma reapropriação. Nosso estudo reivindica um olhar relativamente distante das rotulagens e mais sensível ao itinerário, à condição de "equação em movimento" que toda obra complexa possui, às vozes — às vezes desdobradas — que a percorrem.

citado pela extraordinária distopia catártica que é *Utopia selvagem*. Os três caminhos são estimulantes e promissores, combinam, de forma singular, lucidez extrema e otimismo, apesar de todas as perplexidades e incertezas. Vale seguir apostando nos três nestes tempos de relativa ausência de utopias — universais, regionais, nacionais, globais ou de qualquer outra ordem. Cultor do prazer de viver, do riso e das necessárias catarses, Darcy Ribeiro nos convida, sempre sabiamente, à utopia, possível ou não.

Referências

BAKHTIN, Mikhail. *Problemas de la poética de Dostoievski.* México: FCE, 2003.

BELL, Daniel. "Introducción". *In*: KAHN, Herman & WIENER, Anthony. *El año 2000.* Buenos Aires: Emecé, 1969.

COELHO, Haydée Ribeiro. "O exílio de Darcy Ribeiro no Uruguai", *Aletria*, v. 9, 2002, p. 211-25.

COELHO, Haydée Ribeiro & ROCCA, Pablo (orgs.). *Diálogos latino-americanos. Correspondência entre Ángel Rama, Berta e Darcy Ribeiro.* São Paulo: Global Editora, 2015.

COLOMBRES, Adolfo. *América como civilización emergente.* Buenos Aires: Catálogos, 2008.

DEVÉS, Eduardo & KOZEL, Gabriel Andrés. *Estudios eidéticos: Una conversación desde el Sur sobre la vida de las ideas y la reconfiguración de un espacio disciplinar.* Santiago: Ariadna, 2018.

DEVINE GUZMÁN, Tracy. "'Aqui e agora': a Pátria Grande de Darcy Ribeiro, indigenista", *Revista Trajetos*, v. 7, n. 13, 2009.

EGIDO, Luciano. *Agonizar en Salamanca. Unamuno, julio-diciembre de 1936.* Barcelona: Tusquets, 2006.

GAOS, José. "La profecía en Ortega". *In*: *Sobre Ortega y Gasset y otros trabajos de historia de las ideas en España y la América española. Obras Completas.* México: UNAM, 1992, v. IX.

GOMES, Candido Alberto. *Darcy Ribeiro.* Recife: Fundação Joaquim Nabuco/Editora Massangana, 2010.

HARTOG, François. *Regímenes de historicidad.* México: Universidad Iberoamericana, 2007.

HERRERA, Amílcar (org.). *¿Catástrofe o Nueva Sociedad? Modelo Mundial Latinoamericano treinta años después.* Buenos Aires: IDRC-CRID/IIED, 2004.

HEYMANN, Luciana Quillet. "The Utopian Darcy Ribeiro Archive", *História, Ciências, Saúde — Manguinhos*, v. 19, n. 1, 2012.

ÍMAZ, José Luis de. *Nosotros, mañana*. Buenos Aires: EUDEBA, 1968.

KOZEL, Andrés. "La *Utopía salvaje* de Darcy Ribeiro", *Nueva Sociedad*, n. 283, 2019.

KOZEL, Andrés. "Darcy Ribeiro y el concepto de civilización", *Cuadernos Americanos*, n. 164, 2018.

KOZEL, Andrés & PATROUILLEAU, M. Mercedes. "La exploración científica del futuro, antes de la última dictadura". *In*: BIAGINI, Hugo & OVIEDO, Gerardo (orgs.). *El pensamiento alternativo en la Argentina contemporánea*. Buenos Aires: Biblos, 2016, Tomo III.

MEADOWS, Donella. *Los límites del crecimiento: informe al Club de Roma sobre el predicamento de la humanidad*. México: Fondo de Cultura Económica, 1972.

MIGLIEVICH-RIBEIRO, Adelia Maria & ROMERA JR., Edison. "Vozes dissidentes e modernidades dissonantes na América Latina: legados e projetos de Bolívar e Martí em Darcy Ribeiro", *Civitas*, v. 15, n. 3, 2015, p. 403-20.

MIGNOLO, Walter. "Globalização, processos de civilização, línguas e culturas", *Cadernos* CRH, n. 22, 1995.

PEREIRA GOMES, Mércio. "Darcy Ribeiro, antropologador". *In*: RIBEIRO, Darcy. *Las Américas y la civilización. Proceso de formación y causas del desarrollo desigual de los pueblos americanos*. Caracas: Ayacucho, 1992, p. 531-41.

RIBEIRO, Darcy. *El dilema de América Latina. Estructuras de poder y fuerzas insurgentes*. México: Siglo Veintiuno, 1971a.

RIBEIRO, Darcy. *El proceso civilizatorio: de la revolución agrícola a la termonuclear*. Buenos Aires: Ceal, 1971b.

RIBEIRO, Darcy. "La civilización emergente", *Nueva Sociedad*, n. 73, 1984, p. 23-37.

RIBEIRO, Darcy. "Venutopías 2003". *In*: *Indianidades y venutopías*. Buenos Aires: Ediciones del Sol / CEHASS, 1988a (1973).

RIBEIRO, Darcy. "El abominable hombre nuevo". *In*: *Indianidades y venutopías*. Buenos Aires: Ediciones del Sol / CEHASS, 1988b.

RIBEIRO, Darcy. *Las Américas y la civilización. Proceso de formación y causas del desarrollo desigual de los pueblos americanos*. Caracas: Ayacucho, 1992 (1969).

RIBEIRO, Darcy. *Utopia selvagem: saudades da inocência perdida. Uma fábula*. São Paulo: Global, 2014 (1982).

RIBEIRO, Darcy. *O povo brasileiro: a formação e o sentido do Brasil*. São Paulo: Global, 2015 (1995).

RIBEIRO, Darcy. *América Latina: a Pátria Grande*. São Paulo, Global, 2017 (1986).

SANTOS, Luzia Aparecida Olivia dos. *O percurso da indianidade na literatura brasileira*. São Paulo: Cultura Acadêmica, 2009.

VARSAVSKY, Oscar. *Proyectos nacionales. Planteo y estudios de viabilidad*. Buenos Aires: Periferia, 1971.

VIDAL COSTA, Adriane. "Notas de pesquisa. Darcy Ribeiro no Uruguai, Venezuela, Chile e Peru — exílio, redes intelectuais e circulação de ideias (1964-1976)". Seminario Interinstitucional de Historia Intelectual de América Latin", El Colegio de México/UAM-Cuajimalpa/Universidad de Colima, 31 maio 2021.

ZAVOLI, Sergio. *In nome del figlio*. Turim: SEI, 1972.

Nota dos organizadores

Os textos aqui selecionados são precedidos por uma breve nota introdutória que oferece coordenadas para a adequada contextualização.

Em todos os casos foram utilizadas as edições disponíveis em português brasileiro, mesmo quando estas não foram as primeiras — diversas vezes Darcy Ribeiro publicou a primeira versão de suas obras em espanhol.

Quanto às referências bibliográficas, foram retiradas das bibliografias dos livros de Darcy exatamente como registradas pelo autor (por vezes com perceptíveis imprecisões) e mencionadas sempre que julgamos pertinente em uma seção de referências ao final de cada excerto.

Os textos selecionados foram retirados das seguintes edições:

- (1968) *O processo civilizatório: etapas da evolução sociocultural.* 9ª ed. Petrópolis: Vozes, 1987, p. 179-194.
- (1969) *As Américas e a civilização: processo de formação e causas do desenvolvimento desigual dos povos americanos.* 1ª ed. Rio de Janeiro: Civilização Brasileira, 1970, p. 83-7, 116-21, 599-606.
- (1970) *Os índios e a civilização: a integração das populações indígenas no Brasil moderno.* 1ª ed. (digital). São Paulo: Global, 2017, loc 3414-3540, 6679-6701.

- (1971) *O dilema da América Latina: estruturas de poder e forças insurgentes*. 4ª ed. Petrópolis: Vozes, 1988, p. 245-58.
- (*circa* 1972) "O abominável homem novo". In: *Ensaios insólitos*. Rio de Janeiro: Fundação Darcy Ribeiro, 2013, p. 21-37.
- (1973) "Venutopias 2003". *In*: *Ensaios insólitos*. Rio de Janeiro: Fundação Darcy Ribeiro, 2013, p. 38-52.
- (1982) *Utopia selvagem: saudades da inocência perdida. Uma fábula*. 6ª ed. São Paulo: Global, 2014, p. 109-23, 140-1.
- (1982) "La nación latinoamericana", *Revista Nueva Sociedad*, n. 62. p. 7-9, 19-23.
- (1984) "La civilización emergente", *Revista Nueva Sociedad*, n. 73, p. 26-37.
- *O povo brasileiro: a formação e o sentido do Brasil*. 1ª ed. São Paulo: Companhia das Letras, 1995, p. 69-73, 119-20, 262-5, 329-33, 446-55.

O processo civilizatório (1968)

Esse livro abre a série de estudos de antropologia da civilização de Darcy Ribeiro. Foi escrito durante seu exílio no Uruguai, provocado, como já sabemos, pelo golpe de Estado de 1964. O prólogo está datado em "Montevidéu, 1968"; Darcy registra ali seu agradecimento à Universidade da República, que o havia contratado como professor com dedicação exclusiva. A primeira edição brasileira foi publicada no Rio de Janeiro pela editora Civilização Brasileira, coincidindo com a fracassada tentativa do autor de se restabelecer no Brasil. A edição em inglês saiu quase simultaneamente à brasileira; nela, é importante o prólogo de Betty Meggers, do Smithsonian Institution. A obra foi publicada em espanhol em Caracas (1970), Buenos Aires (1971) e na Cidade do México (1976). Mais tarde foi reeditada em ambas as línguas.

É interessante lembrar que, na chegada ao Uruguai, Darcy havia se proposto a escrever um livro para entender o Brasil, em particular, para explicar(-se) por que o golpe havia ocorrido. Insatisfeito com os resultados obtidos, concluiu que, para detalhar as causas da desigualdade do desenvolvimento dos povos americanos, era necessário reformular os esquemas disponíveis sobre o desenvolvimento da humanidade nos últimos dez mil anos. *O processo civilizatório* é, sem dúvida, uma obra crucial, sobre cujas fundações Darcy edificaria suas posteriores abordagens às realidades americana e brasileira. No entanto, ainda que aspectos desse livro tenham sido continuamente retomados depois, não se deve interpretar esse gesto como um sinal inequívoco de fixidez: várias das afirmações da obra de 1968 seriam parcialmente colocadas em tensionamento.

O processo civilizatório interessa também porque nos permite ter uma ideia das principais leituras de Darcy nesse registro; entre outros autores, menciona Karl Marx, V. Gordon Childe, L. White, Julian Steward, A. Weber, Pitirim Sorokin e também Arnold J. Toynbee, E. Williams, S. Bagú. Uma das ideias centrais da obra é a de que a história das sociedades humanas pode ser entendida como uma sucessão de revoluções tecnológicas e processos civilizatórios, dinâmica essa determinada por três ordens de imperativos: tecnológico, social e ideológico, com interconexões entre si, ainda que com prioridade da esfera tecnológica. Darcy constrói uma série dentro de uma sequência, localizando as diversas sociedades concretas no esquema resultante. É central a distinção entre os processos de "aceleração histórica" (próprios dos povos que existem "para si mesmos") e os processos de "atualização" ou "incorporação histórica" (próprios de povos atrasados, integrados de modo coativo a sistemas tecnologicamente mais evoluídos).

VIII. A revolução termonuclear e as "sociedades futuras"

No curso de todas as revoluções tecnológicas registraram-se diversos impulsos acelerativos, responsáveis por mudanças substanciais no processo produtivo e nos modos de vida das sociedades humanas, sem se configurarem como revoluções porque não deram lugar ao surgimento de novas formações socioculturais. Este foi o caso dos ciclos de progresso ocorridos no curso da Revolução Industrial com a introdução da turbina a vapor, dos motores elétricos e dos motores de combustão interna; com a substituição do ferro pelo aço nos usos industriais; com a aparição das máquinas operatrizes (torno revólver, torno automático, retífica, fresa etc.); com o desenvolvimento da indústria química (ácido sulfúrico, soda cáustica, borracha, anilinas etc.) e com a generalização do uso de dispositivos e aparelhos elétricos e de uma miríade de bens industriais novos (Pasdermadjian, 1960; Lange, 1966; Sternberg, 1961).

Estaremos, agora — com a implantação da tecnologia científica moderna de base termonuclear e eletrônica —, diante de uma aceleração cíclica da mesma natureza ou diante de transformações tão prodigiosas das forças produtivas e tão prenhes de consequências que devamos classificá-las como uma nova revolução tecnológica? A relevância dos progressos alcançados e o próprio caráter irruptivo da nova onda de inovações parecem indicar que se trata de uma revolução. Efetivamente, após um período de relativo descenso no ritmo de progresso tecnológico, entre a última década do século passado e as três primeiras deste, a criatividade científico-tecnológica voltou a crescer de forma extraordinária (Lilley, 1957) e desde a última guerra acumulou tal soma de inovações na capacidade humana de ação, de pensamento, de organização e de planejamento que já parece configurar-se como uma revolução tecnológica nova.

Se assim é, porém, estaremos no limiar dessa nova revolução porque, em nossos dias, apenas se podem medir seus impactos renovadores, ainda confundidos que estão com os efeitos de sucessivas alterações impostas pela Revolução Industrial. Nosso tempo pode ser comparado, portanto, à Inglaterra do primeiro quartel do século XIX, quando aquela revolução já atuava como o modelador de uma formação nova, mas seu perfil ainda era nebuloso. Comparando os frutos maduros da Revolução Industrial com aqueles renovos, sobressaem a sua rudeza e primitivismo. Neles estavam contidos, porém, como virtualidades, os desdobramentos posteriores.

Nesse sentido, são meros prenúncios do que virá nas próximas décadas a acumulação de desenvolvimentos no campo das ciências básicas e suas aplicações tecnológicas na forma de armas termonucleares, de aviões a retropropulsão, de baterias solares e, sobretudo, de dispositivos eletrônicos ultrarrápidos fundados na tecnologia dos transístores, que permitiram produzir o radar e os novos computadores, os reatores nucleares, a luz coerente, o radiotelescópio, os projéteis espaciais; e, ainda, os complexos industriais automatizados, os sistemas automáticos de produção química de sintéticos, os meios modernos de telecomunicação em massa, os sistemas cibernéticos de coordenação de informações e de simulação de situações para a fixação de estratégias militares e econômicas.

O impacto dessas inovações faz-se sentir na vida diária do homem comum do nosso tempo, principalmente através de uma torrente de novos materiais, de novos tipos de máquinas operatrizes automatizadas e de formas revolucionárias de comunicação em massa e de difusão. Já se faz sentir, também, como efeito da multiplicação da acuidade dos sentidos humanos através de instrumentos ultrassensíveis e da duplicação da capacidade de ação humana através da contração do espaço e da extensão do tempo em graus antes inimagináveis. Seus efeitos cruciais estão concentrados, porém, na tecnologia militar que lida com potencialidades absolutas de destruição da vida na Terra. As promessas da nova tecnologia, de proporcionar prodigiosas fontes de energia e uma abundância teoricamente ilimitada de bens e de serviços, são ainda meras expectativas. Entretanto, à medida que estas promessas entrem a cumprir-se, terá início um novo movimento do processo evolutivo pela morte da economia da escassez e o advento da economia da abundância, no bojo da qual deverão transmudar-se todas as formas atuais de estratificação social.

Em face desses desenvolvimentos futuros, que propiciarão a generalização da prosperidade, a divisão da sociedade em classes econômicas (surgidas como fruto dos primeiros acréscimos revolucionários da produtividade do trabalho humano e que só permitia o progresso pela escravização de extensas camadas) tenderá a reduzir-se cada vez mais, até se extinguir completamente. Contra essa tendência, porém, erguer-se-ão com vigor desesperado da luta pela sobrevivência todos os interesses privatistas, cujos privilégios se assentam na desigualdade social. Supunha-se que este embate se desse de forma catastrófica, a certo nível do amadurecimento da nova economia. Na verdade, desencadeou-se diante da mera possibilidade teórica de implantar a igualdade e a abundância, através do processo civilizatório que se cristalizou nas formações socialistas revolucionárias como uma antecipação histórica. Sua universalização é que está em causa, neste momento, bem como as vias pelas quais se efetivará e os modelos de sociedade que deverão configurar os povos.

Neste sentido, marcha, hoje, cada vez mais aceleradamente, um novo processo civilizatório de âmbito universal. Marcha, porém, condicionado pela característica básica da evolução sociocultural que atua, essencialmente, por saltos nos processos produtivos e não se cumpre pela enunciação teórica de novos princípios, mas pela multiplicação dos frutos concretos de sua aplicação. Uma coisa é o protótipo viável de um machado de pedra polida, de um arado, de um veleiro, de um automóvel ou de um aparelho de televisão; outra coisa é a entrada em uso de milhões destas inovações. A revolução termonuclear só se fará sentir, efetivamente, como a nova força conformadora da história quando fizer suceder à tralha industrial moderna toda a prodigiosa parafernália que hoje se encontra no nível de projetos ou de potencialidades ou de objetos, instrumentos, máquinas e motores de uso limitado.

A designação *revolução termonuclear* para esta onda emergente de inovações tecnológicas e de seus concomitantes socioculturais justifica-se tanto pelo caráter crucial do fator energético na evolução humana a que se refere como pelo impacto que a competição atômica entre a América do Norte e a União Soviética desencadeou sobre a humanidade, desde o fim da última Guerra Mundial. Essa competição conduziu a uma relocação de recursos financeiros e humanos sem paralelo na história (Halperin, 1967).

Hoje, a América do Norte aplica cerca de 75% do seu orçamento em atividades de defesa (84 mil milhões de dólares em 1966). Nelas já gastou mais de 897 mil milhões de dólares desde 1946 e ocupa um exército de seis milhões de combatentes (Nato [Organização do Tratado do Atlântico Norte, Otan], Seato [Organização do Tratado do Sudeste Asiático] etc.) espalhados pelo mundo, além de 350 mil cientistas e tecnólogos que representam cerca de novecentas diferentes especialidades (De Carlo, 1965). Como as inversões militares soviéticas e chinesas devem ser equivalentes, verifica-se que estamos diante de um fato novo e decisivo por sua magnitude e capacidade de afetar as sociedades humanas. Somente uma parcela desta fantástica mobilização de recursos se aplica na tecnologia nuclear. A própria guerra que se prevê não se designa mais como atômica, mas como químico-bacteriológica-radiológica ou pela sigla sinistra QBR. Todavia, foi a competição termonuclear e o pavor à destruição total que acarretou que pôs em marcha o processo da revolução tecnológica em curso e lhe deu a extraordinária aceleração que experimenta em nossos dias (Kahn, 1962; Halperin, 1965).

A revolução termonuclear, mesmo nestes seus primeiros passos, colocou nas mãos das sociedades mais avançadas somas tão fantásticas de poder destrutivo, construtivo e constritivo que tanto pode conduzir o homem ao reino da fartura e da equidade como pode desencadear um processo de deterioração sociocultural e até biológica mais profundo que qualquer das regressões anteriores. Nesse poder de modelar o futuro está sua característica distintiva de revolução tecnológica. Qualquer que seja o seu porvir, o homem terá transitado por esta etapa e será marcado indelevelmente por ela.

É mesmo admissível que venha a subverter o caráter do processo evolutivo, que, neste passo, deixará de ser um movimento histórico acionado de modo espontaneísta pela acumulação de progressos dos meios de ação sobre a natureza e de seus efeitos "naturais" sobre as sociedades humanas para converter-se num processo racional de condução intencional da evolução sociocultural. Ao menos, o repto com que se defrontam hoje as sociedades mais avançadas é, essencialmente, o de reger o processo de mudança provocado pelo desenvolvimento científico-tecnológico, a fim de determinar o seu ritmo e estabelecer a direção em que se exercerá sobre os povos.

Desde seus primeiros passos, a revolução termonuclear provocou a mobilização de todos os quadros científicos das respectivas áreas de influência para tarefas de investigação de natureza militar. As universidades e os centros de pesquisa assim conscritos perderam grande parte da autonomia e até mesmo a capacidade de exercer suas funções decisivas de núcleos de pensamento independente e de criatividade cultural livre. Naqueles primeiros momentos, os cientistas, tratados como um misto de sábios e de magos detentores dos segredos da bomba, experimentaram a ilusão de que assumiriam, afinal, as alavancas do poder. Foram, porém, reduzidos, progressivamente, a uma função meramente assessorial das altas hierarquias civis, militares e empresariais, nada predispostas a abdicar do poder que detinham. E, mais do que isso, viram-se submetidos aos sistemas mais vexatórios e opressivos de vigilância policial, ao mesmo tempo que se defrontavam — já de mãos atadas — com os problemas éticos de agentes humanos do desencadear de forças naturais capazes de dar fim a todas as formas de vida (Whitaker, 1951; Snow, 1963; Price, 1965).

A própria ciência, como fator cultural, se translada do plano ideológico para o adaptativo, convertendo-se de uma expressão abstrata do esforço humano de compreensão da experiência no mais eficaz dos agentes de ação sobre a natureza, de reordenação das sociedades e de configuração das personalidades humanas.

Para isso contribuem três fatores fundamentais.

Primeiro, o desenvolvimento exponencial experimentado pelos conhecimentos científicos no século XX, acompanhado de uma redução drástica do intervalo entre os progressos teóricos e suas aplicações práticas, de modo a fundir a ciência e a tecnologia numa entidade única no plano operativo. Entre as experiências de Faraday (1821) e a integração dos motores elétricos no sistema produtivo (1886) mediaram 65 anos. Entre os estudos de Maxwell e Hertz e a comercialização dos aparelhos de rádio passaram-se 35 anos (1887/1922). Mas entre as formulações teóricas e a comercialização tecnológica do radar (1935/1940), da bomba atômica (1938/1945), do transístor (1948/1951) e da bateria solar (1953/1955) mediaram períodos muito inferiores, como o revelam as datas (Baker, 1965).

Segundo, a profissionalização da ciência e da tecnologia avançada, que, de atividade lúdica ou inusitada nos princípios do século, se vai convertendo em ocupação ordinária de um contingente humano que deve estar alcançando um milhão de pessoas em nossos dias. Seu ritmo de incremento é tão intenso quanto o dos operários fabris dos primeiros passos da Revolução Industrial. Tal como naquele caso, tenderia a absorver, nas próximas décadas, toda a população ativa e, finalmente, a humanidade inteira, se esta não fosse uma inflexão ocasional, destinada a corrigir-se. Nos dois casos, entretanto, a correção posterior da curva não impedirá a transfiguração total das sociedades que experimentarem esse impacto.

Em terceiro lugar, a expansão fantástica da aplicação de recursos nas atividades de pesquisa científica e de desenvolvimento tecnológico de projetos. As despesas com tais programas por parte do governo norte-americano, que vinham crescendo na proporção de um dólar, em 1920, para quatro, em 1940, saltaram a 35, em 1950, e a 175, em

1960. Em números absolutos, essa progressão foi de oitenta milhões de dólares, em 1920, para cerca de dezesseis mil milhões, em 1963 (Bell, 1965). Tudo indica que os investimentos russos em pesquisa científica e tecnológica sejam ainda mais altos e que os chineses estejam se aproximando cada vez mais dessas magnitudes. Uma indicação do incremento exponencial destas atividades científicas e tecnológicas dá-nos, indiretamente, a expansão impetuosa do número de publicações científicas. Estas tendem, já, a reproduzir a totalidade da matéria publicada a cada quinze anos. E já se eleva à soma extraordinária de cinquenta mil o número de periódicos técnico-científicos do mundo, que publicam, anualmente, cerca de um milhão de artigos.

Essas três ordens de incrementos se revestem do caráter de inflexões extraordinárias a que nos referimos e tendem, por isso mesmo, a experimentar reduções de ritmo. Todavia, não serão reduções da ampliação do saber e da sua aplicação, mas dos agentes humanos e materiais por meio dos quais a ciência se constrói hoje, evidentemente inadequados como forma de criação, de registro e de acumulação do saber humano. Tal como a redução progressiva da percentagem de operários fabris não importou no decréscimo da produção, é de prever que também estas correções de ritmo se façam simultaneamente com o florescimento ainda maior do saber e da técnica e com uma integração crescente de conteúdos científicos na cultura. A ciência torna-se, desse modo, o agente fundamental da ação humana sobre a natureza externa, sobre a ordem social e sobre a própria natureza humana.

A revolução tecnológica em curso põe em causa a observação de Marx sobre as relações necessárias entre a ampliação das forças produtivas e o caráter das relações de produção. Ou, em outros termos, sobre as quantidades de mudanças tecnológico-produtivas que podem suportar as sociedades modernas sem romper sua estrutura institucional. Os efeitos dos novos processos produtivos sobre as relações de trabalho apenas começam a tornar-se mensuráveis. Estão-se acumulando, porém, pelo somatório de pequenas rupturas e de traumas que, amanhã, serão conflitos abertos ao longo de toda a vida social, conducentes a configurá-la em novas formações.

Suas consequências mais singelas são as desconexões de caráter mecânico entre fontes de energia e máquinas; ou entre máquinas e matérias-primas; ou, ainda, entre máquinas e máquinas que compelem já à substituição periódica de setores inteiros do parque produtivo. Por exemplo, o desuso do equipamento químico-industrial ou dos parques de máquinas têxteis, inadaptáveis aos fios sintéticos. Mais graves são as desconexões humanas, representadas pelo desuso de especializações profissionais que se tornam arcaicas — como os antigos foguistas das locomotivas, substituídos por motores Diesel e elétricos —, e que, em consequência, se veem deslocadas e obrigadas a reajustamentos sucessivos, em muitos casos impossíveis.

Esta ordem de desajustamentos tende a crescer cada vez mais, atingindo, primeiro, alguns setores da força de trabalho; produzindo, depois, massas de deslocados e gerando, por último, multidões de marginalizados social e ocupacionalmente e, assim, condenados a viver como pensionistas do Estado. O controle das tendências dessas massas desajustadas à insubordinação consistirá num repto muito mais agudo que aquele com que se defrontaram as primeiras sociedades industriais, atenuado, então, pela exportação maciça dessas populações para áreas coloniais e pelos desgastes humanos em guerras. Os novos problemas sociais não admitem, porém, soluções tão singelas, porque põem em causa, de forma ainda mais dramática, a incompatibilidade da ordenação social com a tecnologia produtiva que opera;

e porque os impulsos de reordenação social já se exercem sobre sociedades de um novo tipo, cujas populações são, provavelmente, mais capazes de autodefesa contra a opressão. A combatividade do novo negro norte-americano em sua luta contra a discriminação racial dá-nos uma medida dessa capacidade de autodefesa das camadas marginais das sociedades avançadas.

A fonte principal dessas tensões é a promoção dos trabalhadores, da condição de manuseadores de ferramentas à de operadores de máquinas e, finalmente, à de supervisores de sistemas produtivos ultracomplexos. Estes, além de exigir muito menor número de trabalhadores, não carecem de energia muscular nenhuma e não requerem qualquer adestramento profissional. Em compensação, exigem de seus supervisores uma qualificação educacional cada vez mais alta. Sua implantação na indústria importa, em primeiro lugar, na eliminação maciça de trabalhadores; e, a seguir, na proscrição progressiva da "aristocracia operária", constituída por trabalhadores grandemente especializados, para dar lugar a um contingente novo de operadores cada vez mais intelectualizados e mais parecidos com as velhas camadas de empregados burocráticos e com os engenheiros modernos.

Este complexo de desconexões mecânicas e humanas requer, além de reajustamentos no parque fabril, na força de trabalho e nas instituições de previdência e amparo, uma revisão completa do sistema educacional. Transformando a escolaridade num drástico seletor social, que exclua da vida produtiva os não instruídos, torna-se imperativa a abertura do sistema escolar de todos os níveis à totalidade da população; impõe-se a revisão de todo o conteúdo curricular para ajustá-lo aos graus de integração das ciências na cultura e torna-se indispensável o acesso de toda a força de trabalho a uma reeducação continuada e de alto padrão ao longo de toda a vida produtiva.

O efeito desses impactos sobre as sociedades socialistas, ainda que enorme, deve ser tido como irrelevante no plano estrutural porque, provavelmente, virão a atuar como aceleradores de mudanças já em curso. Isso se deve, essencialmente, ao seu caráter de economias coletivistas e planificadas, capazes, portanto, de absorver a tecnologia nova, beneficiando a sociedade inteira com o acréscimo de produtividade que propicia. Para os regimes privatistas, porém, essas inovações representam um sério desafio, em virtude da precedência dos interesses particulares sobre os públicos e, consequentemente, do caráter incipiente da programação econômico-social que podem pôr em execução.

Ante esses desafios, essas sociedades tendem a reagir com esforços obstinados a fim de evitar que a revolução tecnológica ponha em risco os interesses investidos e ameace as estruturas tradicionais de poder. Para isso, condicionam a aplicação das potencialidades de multiplicação da produtividade à consolidação do regime vigente e procuram utilizar exaustivamente os novos e prodigiosos sistemas de comunicação em massa para conformar uma opinião pública submissa e disciplinada, mediante uma doutrinação que a torne incapaz de qualquer opção radical.

Aspirações semelhantes foram sustentadas, no passado, por todas as camadas privilegiadas tornadas obsoletas. Em verdade, todas malograram, mas, no afã de perpetuar-se como classes dirigentes, conduziram seus povos, muitas vezes, a processos de degradação extrema, com apelo ao despotismo e ao militarismo. Esses riscos são, hoje, muito mais graves, porque o próprio desenvolvimento tecnológico acarretou uma concentração e uma fusão extremas dos núcleos do poder econômico, político e militar e uma expansão fantástica dos meios de informação e de modelamento da opinião pública. Nessas circunstâncias, um pequeno grupo de elite pode apropriar-se da máquina do Estado para conduzir os assuntos nacionais segundo seus interesses e até contar com o apoio caloroso de enormes parcelas da população, suscetíveis de serem ganhas para as teses mais irracionais, como o recorda a experiência hitlerista.

O paradoxal, porém, é que essas formações imperialistas aderidas à ordem social vigente se vão tornando cada vez mais conservadoras no plano estrutural e ideológico e crescentemente ousadas no plano tecnológico e econômico. O motor dessa ousadia é o clima criado pela disputa armamentista que arrasta a América do Norte e a União Soviética a uma competição sem limites pela própria segurança, fundada no máximo de capacidade de represália em face de um ataque. Em ambas as estruturas, a competição conduz a uma acentuação sem paralelo da criatividade científica e tecnológica. Na América do Norte, no entanto, a expansão se vê constringida pelo imperativo de dirigir a criatividade para o plano técnico-científico — sobretudo espacial e eletrônico-militar — ao mesmo tempo que se comprimem ao máximo as necessidades de programação racional da transformação social e ideológica. Cria-se, desse modo, uma verdadeira síndrome espontaneísta e anárquica, que procura conciliar o máximo de transformações no plano produtivo com a manutenção das relações de trabalho, com um mínimo de interferência no plano estrutural e institucional.

Acionados pelo pavor atômico, os setores militares e empresariais passaram a promover a ciência e a tecnologia de guerra. Os primeiros, porque não tinham outra opção; os últimos, porque foram subsidiados para isso. Nessas condições, as altas hierarquias nacionais configuram-se como cidadelas de antirradicalismo em que se combinam uma confiança desmedida na capacidade de utilização do progresso técnico-científico e uma aversão suprema às formas estatais centralizadas de administração e de controle. Como estas são inevitáveis — em virtude da correlação entre o grau de tecnificação das atividades produtivas e a necessidade de criar corpos cada vez mais ampliados de tecnocratas e de implantar uma centralização crescente dos órgãos de direção —, o processo de transformação evolutiva torna-se extremamente conflitivo. Faz-se intencional e lúcido em todos os conteúdos científico-tecnológicos, mas residual e irracional nos conteúdos institucionais e sociais.

Exemplos flagrantes dessa contradição são-nos oferecidos pela integração das empresas privadas nos programas de investigação científico-militar em que, em vez de tratar com questões de produtividade, de custos e de mercados, lidam com aptidões e ideias transformadas em mercadorias. O menor problema criado por essa integração foi o da corrupção. Ela é inerente a situações em que recursos públicos são destinados ao subsídio de atividades de pesquisa, de desenvolvimento ou de produção de protótipos, em que o custo da própria implantação empresarial está incluído nas encomendas. Um observador autorizado revela ser impossível distinguir, nos livros de contabilidade de uma empresa particular, os gastos investidos em seu próprio desenvolvimento e aqueles que emprega na execução dos contratos públicos (Johnson, 1965).

Só uma dedicação extrema ao espírito de livre empresa e uma preferência de caráter ideológico pela gerência privada de bens explica a doação de parcelas astronômicas de recursos públicos, nessas condições, a grupos privados. A situação é tão dúbia que algumas empresas norte-americanas se negaram mesmo a participar de concorrências públicas, ao verificar a incompatibilidade dos critérios de eficácia e de honestidade usuais na produção para o mercado com os vigentes nos contratos com o governo. Outras trataram de desdobrar-se em associadas, a fim de não envolverem seus patrimônios nos negócios com o Tesouro. As mais importantes foram instituídas especialmente para explorar esta nova mina que são os contratos de encomendas militares.

Problemas ainda mais graves surgiram com a administração empresarial de cientistas, selecionados segundo rigorosos procedimentos de mensuração de sua capacidade virtual de produzir inventos. Um deles é o da propalada queda do nível de criatividade do cientista com a idade madura, o que leva algumas empresas a se preocuparem com seus corpos de sábios, que têm de ser dispensados quando se aproximam dos quarenta anos. Outro problema é o do rendimento científico minguante das aplicações adicionais de recursos em pesquisas conduzidas como negócios. Outra fonte de traumas decorre da disparidade entre as pautas mais liberais dos cientistas e as correntes nos setores tradicionais da sociedade. Estes, agindo segundo critérios estritamente econômicos — dentro da sagrada primazia dos lucros empresariais ou segundo normas rígidas de segurança militar e de vigilância policial —, criam um ambiente carregado de tensões em que o trabalho criador se torna impraticável (Ginzberg, 1965).

Todos esses problemas estão a indicar as dificuldades de integração, no mundo empresarial privado, dos conteúdos dinâmicos da nova tecnologia produtiva. A integração é, todavia, inevitável, porque constitui a única forma de garantir a sobrevida do próprio sistema capitalista. Efetivamente, os setores públicos, absorvendo e aplicando, anualmente, desde há mais de uma década, duas terças partes a três quintas partes do Produto Nacional Bruto da América do Norte, já teriam implantado um vastíssimo sistema de empresas estatais, caso não existisse a orientação taxativa de utilizar as forças da renovação tecnológica dentro do enquadramento obrigatório da preservação dos interesses investidos. Nessas condições, o pré-requisito básico para a perpetuação do sistema empresarial passa a ser sua degradação pelos descaminhos da apropriação privada de recursos públicos, do uso abusivo da corrida armamentista como estimulante da vida econômica, da ingerência burocrática governamental e militar na vida das empresas e, por fim, da acumulação de tensões entre as camadas assalariadas e o patronato. A solução parece ser, por isso mesmo, meramente paliativa, uma vez que só consegue acumular tensões destinadas a romper, finalmente, a própria estrutura.

Além da relocação do papel das ciências na cultura, a revolução termonuclear parece destinada a operar uma verdadeira reversão do próprio processo evolutivo. Este, em lugar de atuar como um processo de atualização histórica espoliador das nações atrasadas — tal como atuavam todas as revoluções anteriores, privilegiadoras das estruturas macroétnicas que primeiro absorveram as inovações tecnológicas —, tende a pôr em movimento novas formas de difusão e de generalização dos progressos tecnológico-culturais. Em consequência, estes não implicarão no estabelecimento de relações de subordinação entre os povos avançados e os atrasados.

Para isso contribuem três fatores decisivos. Primeiro, a competição entre os campos socialista e capitalista, impeditiva do surgimento de uma *entente* neoimperial reacionária. Segundo, o amadurecimento do *éthos* dos povos atrasados, como resultante residual da expansão da Revolução Industrial. Esse amadurecimento é claramente perceptível, em nossos dias, pela comparação da impotência de alguns desses mesmos povos, há um século, quando foram avassalados pela expansão imperialista, com a capacidade extraordinária de enfrentar e de autodefesa que revelam hoje. (Considere-se a combatividade dos insurretos da Argélia contra a França e do Vietnã contra os Estados Unidos.) Terceiro, a magnitude da Revolução Chinesa, que detonou um processo de aceleração evolutiva sobre uma parcela enorme da humanidade dentro da área mais povoada, mais miserável e mais espoliada do mundo. Seu vulto pode ser medido pela expectativa dos demógrafos da ONU, segundo os quais os chineses constituirão 1,8 dos seis bilhões de habitantes da Terra no ano 2000.

Também contribuirão decisivamente para essa reversão os movimentos de emancipação política, econômica e cultural em que estão empenhadas as nações subdesenvolvidas. Espocando, simultaneamente, em todo o mundo, ameaçam liquidar as bases neocoloniais do sistema imperialista, compelindo à criação de novas constelações internacionais. Desse modo, caberá aos povos atrasados na história uma função civilizadora dos povos mais evoluídos, tal como, no paradoxo de Hegel, cabia historicamente ao escravo o papel de combatente da liberdade.

Assim é que a revolução termonuclear, exercendo-se sobre uma humanidade previamente integrada num sistema interativo único, formado de partes interdependentes, e atuando sobre povos deliberados a defender suas oportunidades de desenvolvimento autônomo, deverá desencadear-se como um processo de aceleração evolutiva que a todos irá integrar, progressivamente, na mesma tecnologia e em formas de vida idênticas. As vantagens alcançadas pelas sociedades mais avançadas poderiam induzi-las a se fecharem sobre si mesmas para fruir seus progressos. Sua dependência do sistema mundial de intercâmbio obrigá-las-á, porém, a interagir com os povos mais atrasados. E estes, na medida em que se tornem capazes de defender seus próprios interesses, imporão novas formas de interação cada vez menos espoliativas às relações internacionais.

As profundas defasagens de tempos evolutivos que hoje medeiam entre os povos poderão ser, assim, paulatinamente reduzidas. Para isso conta-se com a unidade psíquica essencial da espécie humana, que a toda ela torna suscetível de progresso, e com a natureza mesma da evolução cultural que, ao contrário da biológica, processando-se por transmissão simbólica, se faz rapidamente difundível por todos os contextos humanos. Para tanto, ter-se-á de criar sistemas adequados de difusão e de educação de base mundial, capacitados a socializar cada nova geração de acordo com os mesmos conteúdos e as mesmas diretrizes.

Por todos esses caminhos, o que está em marcha é uma etapa evolutiva nova, que transmudará, mais uma vez, a condição humana — agora de forma ainda mais radical, porque colocará, finalmente, a ação modeladora de uma revolução tecnológica sob o controle de uma política intencional de base científica. Assim, na medida em que a ciência se translada do plano ideológico para o adaptativo, confundida com a tecnologia, a intervenção racional humana é que passará a gerir a história (Arzumanian, 1965).

Até essas altitudes, porém, muitos obstáculos terão de ser superados. Em primeiro lugar, o das carências elementares — como a fome, a falta de vestimenta, de moradia, de facilidades sanitárias mínimas contra enfermidades curáveis e o acesso a um mínimo de escolaridade — que afligem a quase totalidade da espécie humana. Esse problema capital está intimamente relacionado com a orientação do esforço científico e tecnológico, voltado, hoje, predominantemente, para tarefas de destruição. Apenas uma percentagem irrelevante dos recursos investidos em pesquisa se dirige à busca de melhores soluções para os problemas representados por aquelas carências fundamentais de bens e de serviços. Temos um exemplo deles na composição do corpo de tecnólogos e cientistas norte-americanos: 140 mil se ocupam em pesquisas aeronáuticas, espaciais e de eletrônica militar, mas apenas 1.200 se dedicam a problemas da indústria têxtil, quatro mil estudam cimento e problemas de edificação e cinco mil investigam metalurgia básica (Ginzberg, 1965).

Outros obstáculos a vencer são a superação do caráter intrinsecamente espoliativo da interação entre estruturas sociais tecnologicamente defasadas e, especialmente, a liquidação da exploração imperialista que pesa sobre os povos subdesenvolvidos e os condena a empenhar-se em guerras de emancipação e em revoluções sangrentas para alcançar condições mínimas de autonomia na condução de seu destino. Ligado a esse problema está o da superação da rigidez estrutural das nações imperialistas, cujo apego ao *status quo* permite o domínio político interno por grupos minoritários deliberados a manter o sistema a qualquer preço. Sua façanha já representa um ônus tão alto em despesas militares com guerras e subvenções a regimes títeres que ultrapassa em muito o que podem arrancar de outros povos. Assim, o sistema só subsiste em virtude da contradição entre o poderio dos interesses privatistas, que continuam obtendo altos lucros dessa exploração, e a debilidade política dos interesses nacionais majoritários que o subsidiam por meio de impostos.

Soma-se a esse problema o peso das diferenças de classe e da discriminação racial, que continuam impondo condições desumanizadoras à maioria da espécie humana. A superação desses percalços, hoje aparentemente intransponíveis, pode fazer-se pela aceleração evolutiva acionada pela própria revolução termonuclear no curso do processo de modelação das Sociedades Futuras. Não será alcançada, porém, de forma espontaneísta, porque importará num esforço extraordinário, só praticável sob um planejamento rigoroso e a mais completa cooperação internacional.

As características dessas Sociedades Futuras são, hoje, tão pouco previsíveis quanto o eram as das formações contidas em potencial na Revolução Industrial, nas primeiras décadas do seu desencadeamento. Entretanto, algumas delas já são visíveis em nossos dias. Assim é que se pode afirmar que o sentido do desenvolvimento humano aponta para a configuração das Sociedades Futuras como formações socialistas de um novo tipo. Estas serão, com toda a probabilidade, sociedades não estratificadas em classes econômicas, embora de caráter infinitamente superior ao das comunidades tribais indiferenciadas de que a humanidade partiu há dez milênios e em que prevaleciam relações pessoais e igualitárias. Também serão de tipo muito mais alto que o "socialismo" dos Impérios Teocráticos de Regadio, igualmente fundados na propriedade estatal, que conformaram, em sua primeira etapa, regimes de alta responsabilidade social para com a pessoa humana e de alto nível de integração societária, mas que decaíram, por fim, num estatismo militarista marcadamente despótico. Serão, por igual, superiores às formas socialistas modernas de tipo revolucionário ou evolutivo.

Nesse rumo impreciso parecem progredir, convergentemente, tanto as formações socialistas revolucionárias quanto as evolutivas. Por esse rumo progredirão, provavelmente, as formações imperialistas atuais, à medida que seus contextos neocoloniais se emancipem e que elas próprias se desvencilhem das imposições dos interesses privatistas sobre os Estados para se configurarem como socialismos evolutivos. No mesmo rumo avançarão, também, as nações neocoloniais modernas, pelas vias do nacionalismo modernizador ou do socialismo revolucionário, que, sofreando a espoliação imperialista e reduzindo as constrições oligárquicas internas, as amadurecerão para a industrialização e, finalmente, para a sua configuração como Sociedades Futuras.

Uma característica já visível das Sociedades Futuras será a superação da diferença entre cidade e campo, pela industrialização das atividades agrícolas em curso e pela expansão das cidades sobre as áreas adjacentes. Outra característica será a superação da distância entre o trabalho braçal — praticamente proscrito — e o trabalho intelectual. A composição da força de trabalho será, majoritariamente, de pessoas com preparo de nível universitário, dedicadas a toda sorte de tarefas, principalmente as educacionais, assistenciais, culturais e recreativas, que experimentarão enorme expansão. Esses níveis mais altos de preparo educacional terão igualmente o efeito de fazer, da maioria dos homens, herdeiros do patrimônio cultural humano, tornado comum, e uma proporção ponderável deles capaz de criatividade artística e intelectual.

A ruptura entre o produtor e o produto do seu trabalho — provocada pela mercantilização do artesanato e acelerada, mais tarde, pela industrialização — será, dessa forma, superada, permitindo a cada pessoa exprimir-se no que faz. O desejo de beleza, que amanheceu tão cedo nas sociedades humanas — expresso em toda sorte de artefatos mais perfeitos e trabalhosos do que o necessário para serem operativos — e foi tão cedo soterrado pela mecanização e pela especialização, voltará a florescer. Quebrar-se-ão, assim, os círculos fechados de artistas herméticos e de apreciadores eruditos para devolver a arte e a criatividade artística ao homem comum.

Uma terceira característica das Sociedades Futuras será a capacitação a atuar num mundo de possibilidades quase absolutas no plano do conhecimento e da ação, tanto destrutiva quanto construtiva e constritiva. O controle mínimo indispensável dessas capacidades, para que não se voltem contra o homem, importará no imperativo de proscrever as guerras e de criar um sistema mundial de poder estruturado segundo princípios supranacionais que permitam dar representatividade às populações humanas segundo sua magnitude. Exigirá, também, o desenvolvimento de órgãos internacionais de controle dos meios de comunicação de massa e de modelação da opinião pública.

Uma vez superados os problemas da carência e da regulação social da abundância, bem como os da igualização das oportunidades de formação educacional e de assistência sanitária, os desafios com que se defrontarão as Sociedades Futuras deixarão de ser os da utilização das suas fontes prodigiosas de energia, de bens e de serviços. Serão, desde então, os do emprego apropriado do seu poder de compulsão sobre as personalidades humanas e de condução racional do processo de socialização. Efetivamente, é provável que as Sociedades Futuras enfrentem seus maiores problemas no esforço por capacitar-se a utilizar seus poderes quase absolutos de programação da reprodução biológica do homem, de ordenação intencional da vida social, de condução do processo de conformação e regulamentação da personalidade humana e de intervenção sistemática nos corpos de valores que orientam a conduta pessoal. Todos esses poderes importarão, naturalmente, em enormes riscos de despotismo, mas criarão possibilidades, maiores do que nunca, de libertar o homem de todas as formas de medo e de opressão.

Tocqueville, ideólogo do liberalismo, apreensivo com o amadurecimento dessas tendências despersonalizadoras e despóticas, perceptíveis em seu tempo, registrou, em 1835, a seguinte antevisão das Sociedades Futuras:

> Vejo uma multidão inenarrável de homens, iguais e semelhantes, que giram sem descanso sobre si mesmos com o único fim de satisfazer os pequenos e vulgares prazeres com que enchem suas almas. Cada um deles vive à parte, alheio ao destino de todos os

> demais. Seus filhos e seus amigos íntimos constituem para ele toda a espécie humana. Enquanto concidadãos, está junto deles sem vê-los; toca-os sem os sentir; só existe em si e para si mesmo. Se lhe resta uma família, pode-se dizer que já não lhe resta uma pátria. Acima de todos eles eleva-se um poder imenso e tutelar que se encarrega, sozinho, de garantir seus prazeres e de velar por eles. Este poder é absoluto, minucioso, regular, previdente e pacífico. Pareceria um poder paternal se, como este, tivesse por objetivo preparar os homens para a idade viril; ao contrário, porém, busca apenas fixá-los irrevogavelmente na infância. Não lhe desgosta que os cidadãos gozem, sempre e quando só pensem em gozar. Trabalha com gosto para fazê-los felizes, mas quer ser o único agente, o único árbitro. Supre sua segurança, provê suas necessidades, facilita seus gozos, gestiona seus assuntos importantes, dirige sua indústria, regula suas sucessões, divide sua herança. Ah, se pudesse livrá-los inteiramente do incômodo de pensar e da dor de viver! (Tocqueville, 1957, p. 137)

Um dos principais imperativos que as Sociedades Futuras terão de enfrentar será o de pôr sob controle essas tendências ao despotismo que preocupavam Tocqueville. Para tanto, terão de situar no centro das preocupações coletivas, como o valor mais alto, o cultivo e o estímulo ao livre desenvolvimento da personalidade humana, o incentivo a todas as formas de expressão da criatividade e a exploração de todas as potencialidades humanas de desenvolver formas de conduta solidária e socialmente responsável.

Em 1859, Marx, o ideólogo do socialismo, também procurou prefigurar as Sociedades Futuras, mas o fez a partir de uma posição otimista que não via a prosperidade ordenada como uma condenação, mas como uma liberação de todas as potencialidades humanas:

> De fato, uma vez abandonada a estreita forma burguesa, que será a riqueza senão a universalidade de necessidades, capacidades, gozos, poderes de produção etc., dos indivíduos, produzida no intercâmbio universal? Que será, senão o desenvolvimento pleno do domínio humano sobre as forças da natureza, as de sua própria natureza, assim como da chamada "natureza"? Que será, senão a explicitação absoluta de suas faculdades criadoras, sem outro requisito prévio que a evolução histórica precedente, que tornará a totalidade dessa evolução — isto é, a evolução de todos os poderes humanos como tais, sem os medir com nenhuma vara previamente estabelecida — um fim em si mesmo? Que será isto senão uma situação na qual o homem não se reproduza a si mesmo de uma forma determinada, senão que produz sua totalidade; em que não procura perdurar como algo formado pelo passado, mas se coloca no movimento absoluto do devenir? (Marx, 1966, p. 17)

O futuro imediato das sociedades mais avançadas será o de Tocqueville ou o de Marx, conforme se desenvolvam as virtualidades de despotismo ou de liberdade de que estão prenhes. O futuro mais longínquo, o do homem, será, certamente, o da antevisão de Marx. Este se cristalizará no curso de uma civilização que amadurecerá com o novo homem produzido pela revolução termonuclear, já não adjetivável étnica, racial ou regionalmente. Essa será a civilização da humanidade.

Referências

ARZUMANIAN, Arz. *Ideología, revolución y mundo actual*. Buenos Aires: Editorial Arandú, 1965.

BAKER, William. "El dinamismo de la ciencia y la tecnologia". *In*: GINZBERG, Eli (org.). *Tecnología y cambio social*. Cidade do México: UTEHA, 1965.

BELL, Daniel. "La sociedad postindustrial". *In*: GINZBERG, Eli (org.). *Tecnología y cambio social*. Cidade do México: UTEHA, 1965.

DE CARLO, Charles. "Perspectivas sobre la tecnología". *In*: GINZBERG, Eli (org.). *Tecnología y cambio social*. Cidade do México: UTEHA, 1965.

GINZBERG, Eli. "Confrontaciones y orientaciones". *In*: GINZBERG, Eli (org.). *Tecnología y cambio social*. Cidade do México: UTEHA, 1965.

HALPERIN, Morton. *China and the Bomb*. Nova York: Frederick A. Praeger, 1965.

HALPERIN, Morton. *Contemporary Military Strategy*. Boston: Little, Brown and Company, 1967.

JOHNSON, Earl. "La industria espacial". *In*: GINZBERG, Eli (org.). *Tecnología y cambio social*. Cidade do México: UTEHA, 1965.

KAHN, Herman. *Thinking about the Unthinkable*. Nova York: Horizon Press, 1962.

LANGE, Oskar. *La economía en las sociedades modernas*. Cidade do México: Editorial Grijalbo, 1966.

LILLEY, Samuel. *Hombres, máquinas e historia*. Buenos Aires: Galatea Nueva Visión, 1957.

MARX, Karl. *Formaciones económicas precapitalistas*. Córdoba: Pasado y Presente, 1966.

PASDERMADJIAN, H. *La segunda revolución industrial*. Madri: Tecnos, 1960.

PRICE, Don. "The Established Dissenters". *In*: HOLTON, Gerald (org.). *Science & Culture*. Boston, 1965.

SNOW, Charles Percy. *Las dos culturas y la Revolución Científica*. Buenos Aires, 1963.

STERNBERG, Fritz. *La revolución militar e industrial de nuestro tiempo*. México, 1961.

TOCQUEVILLE, Alexis de. *La democracia en América*. Cidade do México: Fondo de Cultura Económica, 1957.

WHITAKER, Douglas. "The Natural Sciences in Policy Formation". *In*: LEMER, Daniel & LASSWELL, Harold (orgs). *Policy Sciences*. Stanford: Stanford University Press, 1951.

As Américas e a civilização (1969)

Esse segundo volume da pentalogia/hexalogia de Darcy Ribeiro foi publicado pela primeira vez em espanhol em 1969, pelo Centro Editor de América Latina (Ceal), de Buenos Aires. *As Américas e a civilização* também foi concebido durante o exílio montevideano do autor. De forma previsível, suas propostas são consoantes com as de *O processo civilizatório*, publicado apenas um ano antes. Em nossa opinião, são dois volumes que convém ler sem solução de continuidade, como se fossem uma única obra. No entanto, quem o fizesse notaria mais vivacidade expressiva em passagens de *As Américas e a civilização*, bem como uma presença destacada de ideias do filósofo mexicano Leopoldo Zea — o que outorga matizes específicos às futurições contidas em suas páginas. Anos mais tarde, o livro foi publicado no marco da Biblioteca Ayacucho, com prólogo de María Elena Rodríguez Ozán e cronologia e estudo de Mércio Pereira Gomes — o que o converteu na obra mais conhecida de Darcy.

Fazendo referência a Jean-Paul Sartre, o Darcy de 1969 sustenta que a antropologia é a ciência que herdou a temática e a metodologia do materialismo histórico — teoria explicativa do que as sociedades chegaram a ser e de suas perspectivas no futuro imediato. Ribeiro prossegue remarcando que, sendo certo o anterior, essa herança não pertence a nenhuma das antropologias existentes, mas a uma ainda em formação, uma antropologia dialética —

processo com o qual o próprio autor estaria contribuindo ativamente. Essa antropologia se caracterizaria pelo cultivo de uma perspectiva evolucionista multilinear, graças à qual seria possível situar cada povo numa escala geral de desenvolvimento sociocultural. Poderíamos dizer que, frente às "opções paralisadoras", representadas pelas ciências sociais academicistas e o marxismo dogmático, Darcy busca inscrever os achados do enfoque dependentista em uma teoria geral da evolução. É interessante lembrar também que, durante o ano de 1970, Darcy preparou, fez traduzir ao inglês, pôs para circular entre acadêmicos de distintas partes do mundo e depois publicou na revista *Current Anthropology* (v. 11, n. 4-5, 1970) uma síntese de ambos os livros (*O processo*... e *As Américas*...). A seguir, ela foi reunida, juntamente com as "respostas" que obteve de alguns dos acadêmicos citados e a sua própria "réplica" a elas, no breve volume intitulado *Configurações histórico-culturais dos povos americanos*.

PARTE 1. **A civilização ocidental e nós**

I. A expansão europeia

4. A civilização emergente

Nada no mundo ficou isento e alheio às forças desencadeadas pela expansão europeia. Ela está na base da renovação da natureza, cuja flora e cuja fauna se uniformizaram em todas as latitudes. Ela é a causa fundamental da dizimação de milhares de etnias, da fusão de raças e da expansão linguística e cultural dos povos europeus. No curso dessa expansão se difundiram e generalizaram as tecnologias modernas, as formas de ordenação social e os corpos de valores vigentes na Europa.

Seu produto verdadeiro é o mundo moderno, unificado pelo comércio e pelas comunicações, movido pelas mesmas técnicas, inspirado por um corpo básico de valores comuns.

A Europa, que começou sua expansão armada da hipótese de que a Terra tinha a forma de um globo uninavegável, acaba por realizar, no humano, esta unidade pela conversão dos povos e das culturas originais, amplamente divergentes, em uma humanidade só, cada vez mais integrada e una.

Só com referência a esta aventura e desventura suprema do homem, que foi a expansão europeia ocidental e cristã, se torna inteligível o mundo de nossos dias, vítima e fruto deste processo civilizatório.

Perdido o predomínio do mundo para outros centros reitores que resultaram de sua expansão, ou pela libertação progressiva de povos antes dominados — da Ásia, da África e da América Latina —, em todos eles a civilização ocidental sobrevive por suas contribuições fundamentais ao saber e à técnica, aos ideais humanísticos que hoje motivam estes povos mais que ao próprio europeu, cético e agnóstico. Mas não se configura já como uma civilização adjetivada, mas como a antevéspera da civilização humana.

A disputa pela dominação do mundo ou de áreas dele, que prossegue em nossos dias, é um arcaísmo tendente a desaparecer, jugulado pela vontade de autonomia de todos os povos. Novas ordenações de nacionalidades se sucederão pelo tempo afora, movidas todas, porém, pelas velhas bandeiras humanísticas que, amanhã, terão tanto de ocidentais e cristãs quanto de muçulmanas, de americanas, eslavas ou chinesas. Neste processo, a civilização europeia ocidental acabou perdendo o caráter de entidade autônoma, congraçadora de povos para a ação dentro de certas pautas. Assumiu a forma de uma vetusta tradição. Assim morrem as civilizações. Morrem quando deixam de constituir núcleos de difusão cultural identificados com centros de poder, para se transformarem numa mera corrente de ideias e aspirações.

A civilização ocidental não morre, porém, para dar lugar a outra civilização, mas para criar as bases de uma civilização de amplitude humana. Esta já estava contida no próprio impulso renovador da revolução industrial que garantiu à Europa seu momento de hegemonia e de glória.

As nações europeias, incapazes de se unificarem num sistema político harmônico, permanecem divididas hoje como ontem, mas debatem-se já no enquadramento da nova civilização. Em nossos dias, são meros conglomerados de povos, divididos entre os dois sistemas políticos de âmbito mundial. Por entre elas passam as fronteiras da órbita socialista e da capitalista, reunindo de um ou de outro lado as antigas potências do mundo, mais em consequência das suas posições geográficas, do que por atos de vontade. A Europa, península ocidental da Ásia projetada sobre a África, se reduz, assim, às suas verdadeiras proporções e cada um dos seus antigos centros de poder reverte às suas próprias fronteiras de ilha ou de província.

A consciência do próprio europeu sobre o alargamento do mundo e a redução da Europa às suas próprias dimensões foi expressa por Sartre, com estas palavras:

> Era tão natural ser francês. Era o meio mais simples e econômico de ser universal. Os outros é que deviam explicar por que falta de sorte ou culpa não eram completamente homens. Agora a França está prostrada e a vemos como uma grande máquina rota. E pensamos: trata-se, acaso, de um acidente do terreno, de um acidente da história? Continuamos sendo franceses, mas a coisa já não é natural. Ocorreu um acidente para nos fazer compreender que éramos acidentais. (*apud* Zea, 1957, p. 115)

Sucedendo a muitas civilizações, esmagando as promessas de outras tantas, a Europa operou como um redutor, abrindo caminhos com a negação final de si própria para a criação desta nova civilização humana de base ecumênica. A ascensão dos povos asiáticos, dos africanos e dos latino-americanos para a condução autônoma de seu destino já se opera enquadrada na nova civilização. Ao se contraporem à dominação e à espoliação de que têm sido vítimas seculares, não é mais à Europa Ocidental que se opõem fundamentalmente, mas às formas de opressão imperialista por ela inauguradas, hoje em mãos de outro núcleo de dominação. E, por paradoxal que pareça, a luta pelos ideais mais generosos de liberdade, fraternidade, independência e progresso formulados na Europa se processa hoje, fundamentalmente, contra a órbita de poder que se apelida civilização europeia ocidental.

Ao mundo galvanizado por potências militaristas e que ameaçam a própria sobrevivência humana em seu desvario, respondem os povos atrasados — armados com a autoridade de vítimas do processo histórico — com sua vontade de progresso e de paz, com sua disposição de sobreviver para recriar o mundo se necessário, mas, essencialmente, com seu desafio para que uns e outros se engajem também na tarefa de superação da penúria, de cicatrização das feridas deixadas pela espoliação colonial, de superação das formas de dominação e de opressão colonialista que ainda sobrevivem.

Ninguém, provavelmente, dentre os povos deserdados, confia muito nesta promessa de colaboração harmônica pela paz e pela felicidade humana. As taras da velha civilização ocidental de que nasceram todos são demasiado profundas, sua natureza desumana é por demais evidente, sua cupidez pelos interesses investidos na velha ordem é muito poderosa para que infundam confiança. Face a essas taras e cobiças, cumpre aos povos subdesenvolvidos buscar em si mesmos a energia necessária para negar-se a continuar compactuando com um sistema obsoleto e que só representa para seus povos miséria e sofrimento.

Como fatores fundamentais de autossuperação contam com esta confiança no futuro, este otimismo, esta fé no progresso, característica dos povos que emergem para o autocomando de si mesmos. E, sobretudo, com toda a memória vívida da trágica experiência do passado de dominação colonial e do presente de exploração imperialista, que lhes arma o ânimo para prosseguir na luta pela libertação e pelo desenvolvimento, e para a autorreconstrução como sociedades e culturas autênticas. Mas contam, também, com a inviabilidade econômica crescente do sistema imperialista de espoliação, cuja perpetuação só se pode lograr mediante guerras muito mais onerosas do que todos os interesses que procuram preservar. E, ainda, com o fato de que, uma vez imposta a paz, só as tarefas do desenvolvimento — através de sistemas novos de intercâmbio entre os povos — poderão fazer funcionar a engrenagem industrial, enfrentar os imperativos da nova revolução tecnológica que se inaugura em nossos dias, a termonuclear, e devolver à juventude dos países desenvolvidos um sentido de missão capaz de dar gosto e dignidade à existência.

Para alcançar esse objetivo, impõe-se aos povos extraeuropeus — tanto aos povos novos, que são subprodutos da expansão europeia, como aos velhos povos que testemunham antigas civilizações por ela degradadas — repensar o próprio processo civilizatório desde a perspectiva de povos deserdados e oprimidos para reordenar o mundo segundo as tradições do humanismo perdido e para redefinir, mais uma vez, o rumo da marcha humana. Essa é uma tarefa que lhes cabe privativamente, assim como — dizia Hegel — cabia ao escravo a dignidade de ser o combatente da liberdade contra seu escravizador, envilecido como soldado da opressão.

Desmistificada a humanidade das velhas crenças instrumentais e das novas utopias em nome das quais se procurava dar sentido à existência, apenas resta o homem, sua vida e sua felicidade como o objetivo último e irredutível.

E este, no nosso tempo, impõe uma tarefa prioritária que é a redução do atraso que permeia entre nações ricas e nações pobres, até sua anulação. A batalha por este objetivo é que aquecerá os corações da nossa geração e das próximas e lhes ensinará a marchar para o amanhã. Então elas estarão congregadas para levar à frente, num mundo afinal pacificado e integrado, a construção da nova civilização que se anuncia: a civilização da humanidade que fará da Terra o nicho dos homens, afinal conciliados e libertos da miséria, do medo, da opressão e do racismo.

[...]

Referência

ZEA, Leopoldo. *América en la Historia*. México: Fondo de Cultura Económica, 1957.

II. A transformação cultural

3. Fusão e expansão das matrizes raciais

A análise quantitativa da composição racial dos povos americanos, no passado e no presente, apresenta enormes dificuldades, obrigando a trabalhar com avaliações mais ou menos arbitrárias. Mesmo os dados oficiais, quando disponíveis, não merecem fé, tanto pela falta de definições censitárias uniformes dos grupos raciais, como pela interferência de atitudes e preconceitos das próprias populações recenseadas. Isso conduz, por exemplo, nos *povos transplantados*, a confundir num só grupo negros e mulatos; nos *povos novos*, a somar ao contingente branco-europeu todos os mestiços e mulatos claros; e nos *povos testemunho*, a identificar como mestiços grande número de indígenas puros no plano racial, mas incorporados aos modos de vida modernos por meio da assimilação e da aculturação.

Com todas as reservas decorrentes dessa precariedade das próprias fontes, é possível, contudo, armar um quadro conjectural aceitável sobre a evolução dos contingentes raciais e de suas mesclas na composição dos três grandes blocos americanos. Tal é o quadro seguinte. Por ele se verifica que o grupo indígena original, que sofrera, de 1500 a 1825, uma redução da ordem de dez para menos de um de sua população em todos os três blocos (100 para 7,8 milhões), de 1825 a 1950, consegue dobrar esse montante (7,8 para 15,6 milhões) e o ultrapassar, nos povos testemunho (6,1 para 13,8 milhões), mas marcha para a extinção dos povos novos (1,0 para 0,5).[15]

O contingente branco-europeu cresceu em todas as áreas entre 1825 e 1950 (13,8 para 225 milhões), porém, de forma mais explosiva nos povos transplantados (10 para 163 milhões) que, partindo de uma população predominantemente caucasoide, a multiplicou num ritmo de crescimento muito superior ao experimentado pelas outras matrizes, em virtude das fortes injeções de imigrantes europeus que receberam. Assim, a América do Norte quadruplicou sua população de 1800 a 1850 (5,3 para 23,3) e voltou a quadruplicá-la de 1850 a 1900 (23,3 para 92,3 milhões). O mesmo ocorrendo com a Argentina, cuja população salta de um milhão para 4,7 milhões de 1850 a 1900 e para 17,2 milhões, em 1950.

O grupo negro-africano experimentou, no mesmo período, um ritmo muito mais lento de crescimento que o caucasoide (7 para 29,3 milhões), embora muito mais alto que o indígena. Nas áreas onde mais se concentrava, que eram as ocupadas pelos povos novos, os negros apenas multiplicaram por três seu contingente (5 para 14 milhões) entre 1825 e 1950, enquanto os brancos-por-definição cresciam mais de vinte vezes e os mestiços quase dez vezes. Essa lentidão de incremento é confirmada pelos dados referentes a prazos mais curtos, disponíveis para o Brasil, pelos quais se vê que o grupo negro chegou mesmo a sofrer reduções em seu número

15 Sobre a população pré-colombiana e o seu processo de extermínio, ver Borah (1962) e Dobyns & Thompson (1966).

absoluto (6,6 para 5,7 milhões), de 1940 a 1950. Esse baixo índice de crescimento se explica menos pela miscigenação do que pela precariedade de condições de vida a que os negros estiveram submetidos, porquanto a manutenção do seu montante só se alcançava pela importação continuada de mais escravos, bem como pelas dificuldades que enfrentavam para passar da condição de escravos à de trabalhadores livres. Entre os povos testemunho, os negros experimentaram reduções absolutas (quinhentos para trezentos mil) explicáveis pelos mesmos fatores e também, provavelmente, por um processo mais intensivo de absorção na população global, através da mestiçagem.

O contingente mestiço e mulato foi o que mais cresceu, desde a independência (7,5 para 72 milhões), depois do caucasoide, concentrando-se principalmente nos povos testemunho onde assumiu feição mestiça índio-europeia (3,0 para 36,1 milhões) e nos povos novos (3,5 para 32,2 milhões), onde é predominantemente mulato.

A evolução racial da população americana é congruente com a análise tipológica que vimos fazendo e pode ser compreendida em termos de processos divergentes de sucessão ecológica. Por um deles, populações europeias imigrantes, concentradas em núcleos homogêneos estruturados em famílias e contando, assim, com a presença de mulheres e crianças, se impõem às populações originais. Esse é o caso dos povos transplantados, em que os contingentes indígenas são virtualmente dizimados e os negros e seus mulatos mais marginalizados do que integrados na nova etnia. No caso dos povos novos e dos povos testemunho deparamos com um processo ecológico distinto, pelo qual um núcleo europeu minoritário, composto principalmente por homens desgarrados de suas comunidades, atua como agente colonizador, impondo-se às duas outras matrizes raciais pela miscigenação intensiva, que lhe empresta uma extraordinária capacidade de branquizar os demais, produzindo uma vasta camada mulata e mestiça. Esta passa a constituir o componente principal da população, no caso dos povos testemunho (36,1 milhões de mestiços para 10,2 milhões de brancos-por-definição), e o segundo contingente, muito próximo do primeiro (32,2 e 41,8 milhões), no caso dos povos novos.

Algumas projeções podem ser feitas, também, quanto ao desenvolvimento futuro das diversas matrizes raciais nos três blocos de povos americanos pelo confronto de seus contingentes atuais com suas tendências de incremento ou redução. Tendo alcançado mais altos níveis de desenvolvimento, as sociedades nacionais dos povos transplantados experimentaram, em consequência, uma forte compressão no ritmo de incremento de sua população, sendo de supor que seu crescimento futuro seja menos assinalável que o dos demais blocos. A América do Norte, que vinha quadruplicando sua população a cada cinquenta anos, nem mesmo conseguiu duplicá-la entre 1900 e 1950, o mesmo ocorrendo com a Argentina e o Uruguai, nas duas últimas décadas. Os dois outros blocos, mal tendo chegado ao limiar do desenvolvimento, experimentam ainda uma fase de expansão demográfica, que os fará prosseguir crescendo a ritmo acelerado nas próximas décadas. Os dados estatísticos disponíveis indicam que as populações dos povos testemunho e dos povos novos, predominantemente mestiças e mulatas, eram pouco menores em 1960, no seu conjunto, do que o total da população dos povos transplantados (220,5 milhões para 182,8 milhões), mas, acionadas por um ritmo intenso de incremento, elas tendem a superar amplamente essa diferença, nas próximas décadas, até atingirem, no ano 2000, um montante de 549,5 milhões contra 391,5 milhões para os povos transplantados.

Composição racial provável dos grandes blocos de povos americanos, no período da independência (1825), em 1950 e no ano 2000

Raças	Povos testemunho			Povos novos			Povos transplantados		
	1825	1950	2000	1825	1950	2000	1825	1950	2000
Indígenas	6,1	13,8	33,0	1,1	1,0	0,5	0,6	0,8	1,5
Brancos	1,8	10,2	26,0	2,0	41,8	130,0	10,0	163,0	300,0
Pretos	0,5	0,3	-	5,0	14,0	60,0	1,5	15,0	70,0
Mulatos e mestiços	3,0	36,1	150,0	3,5	32,2	150,0	1,0	3,7	20,0
Totais	11,4	60,4	209,6	11,6	89,0	340,5	13,1	182,5	391,5

Raças	Totais		
	1825	1950	2000
Indígenas	7,8	15,6	35,0
Brancos	13,8	225,0	456,0
Pretos	7,0	29,3	130,0
Mulatos e mestiços	7,5	72,0	320,0
Totais	36,1	311,9	941,0

Fontes: ONU (1958 e 1965); A. Rosenblat (1954); F. Debuyst (1961); J. Steward (1949); *Statistical Abstract of the USA 1966*; e reavaliações dos dados dos censos nacionais de 1950 e das projeções da ONU para o fim do século.

Essas diferenças de ritmos de incremento demográfico se devem, essencialmente, ao fato de que os povos transplantados experimentaram seu período de mais forte crescimento a partir de uma população relativamente pequena (5,3 milhões, em 1800, para 23,3 milhões, em 1850, nos Estados Unidos), ao passo que o mesmo fenômeno deverá ocorrer agora, na América Latina, a partir de uma base populacional muito superior (204 milhões, em 1960) que, mesmo crescendo a um ritmo substancialmente menos acelerado, tenderá a triplicar-se até o ano 2000.

A longo termo, portanto, o que mais tende a crescer é a América morena, fruto da mestiçagem de seus contingentes básicos. A menos que os projetos de inspiração governamental norte-americana, de imposição de vastos programas de controle de natalidade (*birth control*), consigam alterar substancialmente essas tendências. É, entretanto, improvável que tais programas cheguem a cumprir-se, não só em virtude das dificuldades do próprio empreendimento de induzir povos atrasados e pobres a adotar hábitos correspondentes a populações adiantadas, como também pela oposição que tal programa provoca nas lideranças latino-americanas.

Estas são cada vez mais advertidas para os riscos inerentes a uma contenção demogenética artificial que trará, como consequência fatal, não apenas a redução do seu contingente no mundo, mas, e sobretudo, o envelhecimento precoce de suas populações nas quais uma maioria de menores de dezoito anos (cerca de 50%) seria substituída, progressivamente, por uma parcela crescente de maiores de cinquenta anos que, nas condições vigentes de subdesenvolvimento, representariam um peso morto.

Este envelhecimento artificial da população latino-americana, imposto por uma política de potência antes de alcançados os níveis mínimos de desenvolvimento econômico e social, que naturalmente conduziriam a esse efeito — como ocorreu com todos os países plenamente industrializados —, poderia ter como consequência inabilitar os latino-americanos para as tarefas do desenvolvimento, ao retirar de suas sociedades o fator básico de renovação social que são as forças de compressão demográfica e as tensões sociais correspondentes. Sua consecução, através de vastos programas subsidiados de distribuição de pílulas anticoncepcionais e de incentivo ao aborto, poderia importar na condenação dos latino-americanos a uma dependência — senão permanente, de duração imprevisível — do amparo e da solicitude dos ricos vizinhos do Norte, com a consequente perpetuação da hegemonia destes, apesar de serem, então, flagrantemente minoritários.

A precariedade dos dados disponíveis sobre a composição racial das populações americanas e a variedade de fatores que podem intervir no crescimento relativo de cada contingente nas próximas décadas não permitem calcular através de projeções estatísticas seguras seu incremento futuro. Permitem, todavia, algumas hipóteses verossímeis sobre o incremento provável de cada componente racial dos três blocos e sobre as alterações prováveis de suas proporções. Primeiro, a de que a proporção registrada em 1950 nas populações americanas, de dois para um, do contingente "branco-por-definição" em relação à "gente de cor", se altere profundamente, para alcançar uma supremacia morena da ordem de 485 milhões contra 456 milhões de brancos no fim do século. Isso, em virtude de um paralelismo entre branquitude e mais alto nível de vida e, em consequência, menor ritmo de incremento populacional.

O contingente indígena provavelmente crescerá, também, no mesmo período, para algo mais que o duplo do seu montante em 1950 (15 para 35 milhões). Simultaneamente, porém, se irá desindianizando culturalmente, pela incorporação nos modos de vida das populações neoamericanas, em que estão inseridos. Ao final, virão a constituir, provavelmente, um modo diferenciado de participação na etnia nacional que os unificará antes pelas lealdades que conservarão para com suas matrizes de origem do que por suas características étnico-culturais presentes.

O grupo negro deverá quadruplicar o seu montante (29,3 milhões em 1950 para 130 milhões no ano 2000) pelas razões já indicadas e também porque a ascensão social, que presumivelmente experimentará nas próximas décadas, lhe propiciará um índice mais alto de sobrevivência. Sem embargo, por força do caldeamento racial, pode ocorrer que antes tenda a dar colorido às matrizes brancas, aumentando o quadro mulato em prejuízo da expressão do seu próprio patrimônio em populações negras mais amplas.

Os mestiços, finalmente, experimentarão, segundo supomos, um incremento mais intensivo que todos os demais, quintuplicando seu contingente (72 para 320 milhões) por força da conjunção de diversos fatores, como a elevação do nível de vida que apenas se inicia e que deverá combinar-se com um alto ritmo de incremento, a absorção do produto dos casamentos mistos das outras matrizes, que tende a generalizar-se, e, finalmente, a assunção de sua própria figura étnica, sem a contingência de mimetizar-se ideologicamente em brancos-por-definição.

Todas as proposições anteriores se fundam na expectativa de uma miscigenação intensiva que caldeará, ainda mais profundamente, as populações americanas até configurá-las, em face do mundo, como uma representação cada vez mais homogênea do humano e, por isso, mais capacitada a conviver e a identificar-se com todos os povos. Consideradas, porém, as diversas áreas americanas, estas tendências tanto poderão ser intensificadas como reduzidas por certos fatores. Assim, por exemplo, se a guerra racial entre negros e brancos na América do Norte resolver-se por um caminho integracionista, se intensificará a tendência homogeneizadora. Mas se, ao contrário, prevalecer a segregação racial e, sobretudo, se os anglo-americanos alcançarem sucesso em sua deliberação de reduzir suas populações "negras" e os contingentes "de cor" da América Latina pela imposição de uma política de contenção demogenética, o resultado será o fortalecimento da heterogeneidade e do racismo.

O crescimento das populações latino-americanas deverá levá-las a um montante demográfico de 650 milhões no ano 2000, segundo cálculos baseados na expectativa de uma taxa de incremento relativamente baixa. Essa expectativa não leva em conta as possibilidades de crescimento ainda maior pela elevação do nível sanitário, pelos progressos médicos no tratamento das enfermidades esterilizantes, bem como por fatores sociais, como a provável redução da idade do casamento e do número de uniões livres, geralmente menos fecundas. Por tudo isso se deve considerar a hipótese de um crescimento ainda maior. Esta explosão demográfica não é, evidentemente, um bem em si mesmo e importará para a América Latina num desafio ainda maior no esforço de superação do seu atraso.

Supõe-se que, a um ritmo anual de 2,5% de incremento, seja necessário responder com uma taxa de investimento de cerca de 10% da renda nacional, apenas para manter a mesma proporção de equipamento produtivo por pessoa ativa. Este desafio aponta para a imperatividade de intensificar o esforço de superação do atraso, a fim de alcançar uma redução do incremento demográfico e um amadurecimento etário da população em consequência do progresso econômico, e não em lugar dele, como poderia ocorrer com uma política de contenção demogenética propugnada e custeada por uma potência estrangeira, como seu projeto para o futuro dos latino-americanos.

[...]

Referências

BORAH, Woodrow. "Population Decline and the Social and Institutional Changes of New Spain in the Middle Decades of the Sixteenth Century". *Akten des 34.* Internationalen Amerikanisten-Kongresses (Copenhagen), 1962.

DEBUYST, Frederico. *La Población en América Latina.* Bruxelas, 1961.

DOBYNS, Henry & THOMPSON, Paul. "Estimating Aboriginal American Population". *Current Anthropology* (7-4), 1966.

ONU. *Estudios Demográficos* n. 28. Nova York, 1958.

ONU. "Conferencia Mundial de la Población, 1965", *Boletín Informativo.* Nova York, 1965.

ROSENBLAT, Angel. *La población indígena y el mestizaje en América.* 2 vols. Buenos Aires, 1954.

STEWARD, Julian H. "The Native Population of South America". *In:* STEWARD, Julian H. (org.). *Handbook of South Americans Indians*, vol. 5. Washington, 1949.

US Census. *Statistical Abstract of the US.* Washington, 1966.

PARTE 5. Civilização e desenvolvimento

XII. Padrões de atraso histórico

2. Balanço mundial da riqueza e da pobreza

Recapitulando a marcha do processo civilizatório movido pela Revolução Industrial, sobre os diferentes contextos socioculturais do mundo se pode distinguir os seguintes modelos de desenvolvimento industrial:

1. *Desenvolvimento capitalista industrial precoce*: implantado originalmente pela Inglaterra, pioneira na utilização da tecnologia de alta energia e na transformação estrutural a ela correspondente. Seguiram-se os Países Baixos, a França e, mais tarde, os Estados Unidos. Em todos esses casos, o desenvolvimento econômico e social se processou mais ou menos espontaneisticamente, em estruturas abertas ao comércio internacional, pela combinação do progresso interno com a exploração de economias periféricas. Todas essas nações preservaram e aprimoraram, inter-

namente, instituições liberais, que permitiram às suas populações metropolitanas exercer certo grau de participação no poder político. Simultaneamente, porém, contribuíram de todos os modos para impedir que essas mesmas condições amadurecessem em suas áreas de dominação política ou econômica ou nas nações virtualmente concorrentes que se haviam retardado na industrialização.

2. *Desenvolvimento capitalista industrial tardio*: é o caso da Alemanha, do Japão e da Itália, que progrediram mediante processos intencionais de desenvolvimento dirigidos por regimes autocráticos, os quais estruturaram autarquicamente suas economias para fugir às compulsões a que eram submetidas pelas potências pioneiras na industrialização. Todos eles descambaram, mais tarde, para formas totalitárias de governo e para o expansionismo imperialista, no esforço de conseguir uma redivisão das áreas coloniais que os beneficiasse. A redução desse expansionismo só pôde ser alcançada através de duas guerras mundiais.

3. *Desenvolvimento capitalista industrial recente*: cabem nessa categoria duas modalidades de ordenação político-econômica: o padrão socialista-evolutivo dos povos escandinavos e o padrão capitalista-liberal de alguns povos transplantados, como o Canadá e a Austrália. Parecem emergir para essa categoria a Nova Zelândia e Israel. Fracassaram no intento de performá-lo a Argentina e

o Uruguai. Procuram desenvolver-se pela mesma via a África do Sul e a Rodésia. Ambas têm, entretanto, suas populações divididas em três castas imiscíveis: a minoria branca opressora; a camada a ela associada de mestiços formados nos primeiros séculos de ocupação a que se somaram contingentes asiáticos incorporados posteriormente; e a grande massa negra autóctone dos antigos donos da terra. Essa composição faz delas ainda hoje meras feitorias enquistadas na África e as torna demasiadamente inviáveis como nações para que possam alcançar estabilidade.

4. *Desenvolvimento industrial socialista*: é representado pela URSS, pelas Repúblicas Populares da Europa Oriental, pela China, pelo Vietnã e Coreia do Norte, e por Cuba, que inaugurou a nova formação nas Américas. Surgidos, embora, há menos de meio século, já absorvem mais de um bilhão de pessoas, cobrindo enormes áreas territoriais. Seu poder de difusão não se assenta na expansão imperialista, mas em formas superiores de associação que, embora afetadas pela política de potência, propiciam melhores condições de intercâmbio internacional. Enseja ritmos mais intensos de progresso econômico, social e cultural até hoje conhecidos. Representa, por isso, a via mais direta de induzir um processo de aceleração evolutiva em sociedades subdesenvolvidas de estrutura social rígida e com grandes montantes populacionais.

Em oposição a esses modelos de desenvolvimento industrial encontramos, em vários padrões de estagnação e traumatização, todos os demais povos do mundo, comumente qualificados como nações subdesenvolvidas. Dentre estas destacam-se as nações europeias que se marginalizaram do processo de industrialização, como Espanha e Portugal. Estas são sobrevivências de impérios mercantis salvacionistas que, não conseguindo ascender ao capitalismo industrial e experimentar as transformações estruturais correspondentes, congelaram suas estruturas rígidas, regidas por camadas oligárquicas e patriciados burocráticos, vendo-se, afinal, reduzidas a áreas de exploração neocolonial. Ambos foram convulsionados por movimentos revolucionários que, irrompendo em conjunturas desfavoráveis, terminaram sendo esmagados. Seguiram-se décadas de opressão de Estados policiais instituídos como o braço opressor das camadas mais retrógradas sobre seus povos. A Grécia forma também ao lado das nações proletárias, como resultado de séculos de dominação externa em que se degradaram seus padrões de cultura, e do arcaísmo de sua estrutura agrária, só comparável à dos dois outros povos subdesenvolvidos da Europa.

A segunda categoria de povos atrasados na história é integrada pelas populações extraeuropeias que, tendo pagado a parcela maior do preço da industrialização alheia, como áreas de saqueio e como proletariados externos, ficaram relegados ao atraso e à penúria. O óbice principal ao seu progresso está na pobreza a que foram reduzidos pela transferência das riquezas que haviam acumulado através de gerações, bem como pela drenagem secular — e que ainda prossegue — dos produtos do trabalho nacional, através da sua inserção no sistema econômico mundial por via da atualização histórica, como produtores de artigos tropicais e de matérias-primas. Outro obstáculo reside nas condições de atraso cultural e de estagnação a que foram conduzidos pelas camadas oligárquicas e patriciais nativas que se fizeram, primeiro, agentes da exploração colonial e, mais tarde, associadas da espoliação imperialista, operando, nos dois casos, como obstáculo ao desenvolvimento de seus povos.

Tais são os povos subdesenvolvidos extraeuropeus que podem ser classificados em três blocos básicos, em decorrência do seu processo de formação histórica e conforme os tipos de problemas socioculturais que enfrentam na luta pelo desenvolvimento.

Povos emergentes: são as nações novas da África Tropical e da Ásia que emergem da condição tribal à nacional, em situação de atraso ainda maior do que o enfrentado pelas nações latino-americanas quando de sua Independência no primeiro quartel do século passado. Elas contam, entretanto, com possibilidades de um desenvolvimento mais acelerado e menos dependente, em virtude da conjuntura mundial bipartida pela oposição entre o campo socialista e o capitalista. Alguns destes povos se encontram ainda sob dominação colonialista, aberta ou disfarçada, por parte dos portugueses, belgas, ingleses, franceses e norte-americanos. Os setores econômicos mais desenvolvidos dentro desse bloco são meros encraves estrangeiros implantados como quistos dentro das sociedades nacionais nascentes, como as empresas mineradoras do Congo, da Rodésia Meridional, da Nigéria, de Catanga e do Camerum; as lavouras tropicais de exportação da Libéria, de Gana, da Nigéria, da Guiné, da Somália, de Quênia, Sudão e Tanganica, de Angola e Moçambique. Também na Ásia, sobretudo na Insulíndia, na Indonésia, nas Filipinas, encontram-se diversas populações vítimas de sistemas equivalentes de exploração, algumas das quais ainda sob sujeição colonial.

Povos testemunho: estes são os representantes modernos de velhas civilizações como a muçulmana, a indiana, a coreana, a indochinesa, a asteca e a incaica que sofreram o impacto traumatizador da expansão europeia, de que começam a recuperar-se agora partindo das mais precárias condições de empobrecimento. Em todo o grupo, apenas o Japão e a China conseguiram alcançar o desenvolvimento industrial moderno, mais maduro o primeiro, mas com potencialidades economicamente muito maiores de consolidação e expansão o segundo.

Os mexicanos, com sua revolução de 1910, seguida da ação do governo Cárdenas, e os bolivianos, com sua revolução de 1952, conquistaram condições mais favoráveis de ruptura do desenvolvimento. Todavia, mesmo no primeiro caso, ele se processa a ritmo demasiado lento para que se possa admitir que um dia chegue a alcançar, por essa via, as nações plenamente desenvolvidas.

Seguem-se os países muçulmanos, mobilizados para sua própria emancipação por amplos movimentos modernizadores, que alcançaram o poder através de coalizões militares nacionalistas e religiosas (Turquia, Egito, Síria e Argélia). Alguns deles estão polarizados pela liderança egípcia de oposição a Israel para um pan-arabismo que motiva fortemente a industrialização e a liquidação do regime agrário arcaico. Outros se inclinam para um esforço de reconstrução nacional, de modelo socialista, liderados pela Argélia. Um terceiro grupo, finalmente, se encontra jungido a regimes coloniais-mercantis do tipo mais atrasado e servil aos interesses imperialistas ligados à exploração petrolífera (Arábia, Irã, Iraque).

A Birmânia, o Paquistão e o Afeganistão esforçam-se, juntamente com a Índia, por romper com o subdesenvolvimento mediante um equilíbrio entre a órbita socialista e a capitalista, apelando para a ajuda de ambos. A Indonésia, o

Camboja, o Laos, o Vietnã do Sul e a Coreia do Sul parecem cada vez mais polarizados entre a nova frente de influência socializadora que surgiu no Oriente com a revolução chinesa e o poderio dos Estados Unidos no Pacífico. Proibidos de optar entre a ordenação capitalista e a socialista, essas nações experimentam profundos traumas.

Povos novos: situados todos na América Latina, diferenciam-se em três grandes blocos. Primeiro, os cem milhões de chilenos, brasileiros e paraguaios, que, em conjunto, formam o núcleo mais populoso, contando, os dois primeiros, com uma industrialização avançada e diversificada, que lhes assegura certas condições de desenvolvimento independente. Segundo, os povos da Nova Granada, integrada pela Colômbia, pela Venezuela e pelas Guianas, de economias profundamente deformadas pela intervenção das grandes corporações monopolistas norte-americanas e pela hegemonia das velhas classes dominantes de composição patronal-oligárquica, patronal-parasitária e patricial-burocrática, mancomunadas todas para perpetuar o atraso e assim salvaguardar seus interesses minoritários.

Todos esses países têm como problema básico a emancipação deste duplo domínio para alcançar o desenvolvimento. Terceiro, os 23 milhões de antilhanos, também polarizados entre dois modelos de ordenação econômica e social: o socialista cubano e o imperialista norte-americano; mas proibidos pelo veto deste último de deliberar sobre o caminho que mais convém a seus povos.

Cremos haver demonstrado que a tipologia das grandes configurações histórico-culturais que utilizamos na caracterização dos povos extraeuropeus pode ajudar na compreensão das causas do desenvolvimento desigual das nações americanas.

Considerando em conjunto os povos de cada bloco, com respeito ao grau de desenvolvimento que alcançaram, observa-se que eles apresentam tanto uniformidades como discrepâncias significativas. Acima de suas semelhanças étnico-culturais, eles contrastam flagrantemente por descompassos econômicos que fazem de alguns deles povos modernos, porque incorporados ao processo civilizatório do seu tempo; e de outros, povos arcaicos e subdesenvolvidos, porque traumatizados nesse processo. Não obstante, observam-se certas uniformidades significativas. Assim é que, entre os povos testemunho, apenas os japoneses alcançaram pleno desenvolvimento industrial, e os chineses, em nossos dias, se encaminham para a mesma façanha. Dentre os povos transplantados um número muito maior (Estados Unidos, Canadá, Austrália, Nova Zelândia e Israel) atingiu precocemente o desenvolvimento. Entre os povos novos nenhum alcançou ainda este nível. Até que ponto suas diferenças explicam estas performances contraditórias?

Parece óbvio que os povos transplantados contaram com vantagens oriundas do seu tipo de formação para se integrarem na civilização industrial moderna, enquanto os povos das outras categorias tiveram de enfrentar obstáculos muito maiores em sua luta pelo desenvolvimento. Tais obstáculos decorrem, principalmente, do modo de estratificação social que resultou na forma de implantação de cada qual. Este assumiu uma configuração mais flexível e igualitária no caso dos povos transplantados e mais rigidamente hierarquizada nos demais.

Desde o seu surgimento, os povos testemunho e os povos novos tiveram a maioria de suas populações condenadas a uma marginalidade cultural ou social que não ensejou sua integração nos estilos de vida modernos. Tal marginalidade, como foi assinalado, assume caráter sobretudo cultural no caso dos primeiros, a braços com o problema de incorporar na vida nacional os seus contingentes mais arcaicos, quase sempre apegados a costumes e valores das antigas culturas. E é de caráter principalmente social, nos povos novos, enquanto resultantes de um empreendimento mercantil que, transladando multidões de africanos para submetê-los à escravidão, ou destribalizando populações indígenas com o mesmo objetivo, os homogeneizou através da deculturação, mas os configurou como estratos atrasados e reduzidos a níveis incomprimíveis de miséria. Para se desenvolverem, devem uns alçar-se de sua condição indígena, nitidamente diferenciada da *ladina*, e outros, desde a profundidade de sua penúria de ex-escravos, enfrentando, nos dois casos, patronatos e patriciados locais degradados pelo exercício secular do jugo escravista e atados aos interesses externos que se associaram na exploração da miséria de seus povos.

Superar estes percalços foi, até agora, um desafio insuperável para os povos novos e muito mais difícil para os povos testemunho do que para os povos transplantados. Importa, para os primeiros, num enorme esforço reordenador de toda a sociedade que só poderá ser conduzido intencionalmente, ao contrário do que ocorreu entre os povos transplantados do Norte onde pôde fazer-se de modo mais espontâneo. Alcançar esta reordenação exige tamanho esforço de autossuperação que nenhum povo latino-americano, à exceção do México, com sua revolução de 1910, da Bolívia, em 1952, e, ultimamente, de Cuba, logrou enfrentá-lo com sucesso. É de assimilar que, nos dois primeiros casos, esta ruptura esclerosou-se e regrediu. A dificuldade fundamental encontra-se no vigor autoperpetuativo da trama de interesses patronais-patriciais que presidiu à ordenação dessas sociedades altamente desigualitárias, originalmente fundadas no escravismo e, posteriormente modernizadas, pela via da atualização histórica, como formações neocoloniais.

O enfrentamento e a superação deste enquadramento retrógrado não poderão ser alcançados através da modernização reflexa destas sociedades porque esse processo eternizaria a dependência externa e, com ele, o atraso. Só se pode atingir por meio de uma reestruturação prévia da sociedade, pela via de uma profunda revolução social capaz de erradicar do poder a classe dominante para, desse modo, libertar as energias secularmente contidas de seus povos.

Uma vez aberta e refeita a ordem social, estes povos atrasados na história poderão acelerar seu ritmo de progresso até um nível que lhes permita alcançar, em prazo previsível, o grau de desenvolvimento já conseguido pelos povos avançados. Paradoxalmente, essa aceleração é a um tempo mais simples e mais complexa do que os problemas de desenvolvimento com que se defrontaram os povos que já venceram essa etapa. Mais simples, porque se trata de induzir suas próprias sociedades e experimentar transformações do sistema produtivo operadas, desde há muito, nas nações desenvolvidas, através da industrialização autônoma. Só por constituir a repetição de experiências já vividas por outras nações, o processo se torna menos difícil e passível de ser conduzido racionalmente, com economia de tempo e de recursos e menos penosamente. São, todavia, muito mais complexos, porque toda uma conjura mundial e local de interesses investidos no velho sistema se opõe à indispensável renovação prévia da estrutura social, temerosa dos prejuízos que representará, para os povos cêntricos, uma reordenação da economia dos povos periféricos e, para os patronatos e patriciados locais, a perda de seus privilégios.

A revolução tecnológica tem, assim, para os povos subdesenvolvidos como pré-requisito básico uma revolução social interna e um enfrentamento decisivo na órbita internacional, porque só assim eles poderão retirar os instrumentos de poder e de formulação da ordem social das mãos das classes dominantes internas e dos seus associados internacionais igualmente comprometidos com o atraso, porque sabem fazê-lo lucrativo para si próprios.

Os índios e a civilização (1970)

Em *Os índios e a civilização*, terceiro livro da pentalogia de Darcy Ribeiro produzida em seus anos de exílio, o autor retomou e sistematizou reflexões acumuladas na extensa trajetória de trabalhos de campo entre grupos indígenas e intervenções no debate sobre a questão no Brasil. Em 1947, Darcy ingressou no Serviço de Proteção aos Índios (SPI) e realizou, entre 1947 e 1956, seus trabalhos etnográficos de campo em diversas regiões do país: junto aos Kadiwéu, no Mato Grosso, aos Ka'apor, na Amazônia, aos Karajá, no Tocantins, aos Kaingang, no Paraná, aos Xokleng, em Santa Catarina, entre outros grupos. A partir dessa atuação, Ribeiro fundou também o Museu do Índio (em 1954) e elaborou o projeto do Parque Nacional do Xingu. Como resultado das pesquisas desse período, publicou diversos ensaios, bem como o livro *Arte plumária dos índios Kaapor* (de 1957, em coautoria com Berta Ribeiro).

Nessa obra de 1970, a noção de "transfiguração étnica" assume centralidade: ela permite que elementos indígenas se tornem constitutivos do "povo novo" em formação que era o povo brasileiro. Para Darcy, os povos indígenas estavam em declínio desde o princípio da colonização, mas não necessariamente fadados à "extinção", pois se transfigurariam no brasileiro. Ainda assim, em *Os índios e a civilização*, os indígenas aparecem como povos "não civilizados", "atrasados", "em outro tempo histórico". Portanto, elementos de eurocentrismo e de uma teleologia da história atravessam a argumentação do autor. Logo depois, teria início um deslizamento dessas posições, ocorrido nos anos seguintes e sem chegar a ser explicitamente admitido — e sem implicar o abandono do conceito de transfiguração étnica.

Colocação do problema

[...]
As diversas entidades tribais que entram em contato com agentes da civilização enfrentam um movimento exógeno de expansão étnica, que se lhes apresenta como uma situação nova e inevitável. Essa situação resulta, em essência, da circunstância de haver sido o território tribal alcançado por uma etnia nacional em expansão. Uma vez estabelecido, o contato só tende a amiudar-se e a se intensificar, desafiando os índios a solucionarem continuamente os problemas que gera.

A expansão civilizadora apresenta-se à análise como um conjunto uniforme de fatores dissociativos, aos quais cada tribo pode reagir diferencialmente, mas aos quais reagirá sempre e necessariamente. Três são as reações possíveis para os indígenas. A fuga para territórios ermos, com o que apenas adiam o enfrentamento. A reação hostil aos invasores, que transtorna toda a vida tribal pela imposição de um estado de guerra permanente, em que o funcionamento de muitas instituições se torna inviável e outras têm de ser dramaticamente redefinidas. A saída final é a aceitação do convívio, porque esse representa, efetivamente, uma fatalidade inelutável. Nela cairá necessariamente cada tribo, seja ao fim de longos períodos de fuga ou de prolongada resistência afinal tornada impraticável, seja como resultado de uma opção diante do inevitável, assente na esperança de controlar a nova situação.

Uma vez estabelecido o convívio e à medida que as relações se amiúdam e se estreitam, os índios se veem submetidos a uma série de desafios, todos eles conducentes a transfigurações sucessivas no seu modo de ser e de viver. Nenhuma oportunidade lhes é dada de preservar seu substrato biológico, sua sociedade e sua cultura em sua forma original. Os desafios cruciais com que se defrontam são os de resguardar sua sobrevivência como contingentes humanos seriamente ameaçados de extermínio; o de resguardar, na medida do possível, sua identidade e autonomia étnica a fim de não se verem abruptamente subjugados por agentes da sociedade nacional, a cujos desígnios tenham de submeter seu próprio destino. E, finalmente, o de assegurar a continuidade de sua vida cultural, mediante alterações estratégicas que evitem a desintegração do seu sistema associativo e a desmoralização do seu corpo de crenças e valores. Todos esses desafios convergem para o imperativo de se transfigurarem biológica, social e culturalmente a fim de sobreviverem em novas condições extremamente tensas e sob a ameaça permanente de um colapso cultural que condenaria seus membros à anomia.

As duas principais características do processo de transfiguração étnica das tribos indígenas brasileiras fazem dele uma sequência natural e necessária de eventos resultantes do enfrentamento entre ramos distintos e originalmente isolados da espécie humana e entre sociedades evolutivamente defasadas. O processo atua, assim, em dois níveis. Primeiro, como um enfrentamento entre populações que, configurando distintas entidades bióticas, ao entrarem em convivência se mesclam racialmente e se contagiam reciprocamente. Como são mais numerosos os fatores bióticos deletérios transmitidos pelos agentes da civilização, as populações indígenas sofrem mais fortemente seus efeitos na forma de reduções drásticas de seus contingentes demográficos. Segundo, como um enfrentamento entre sociedades evolutivamente defasadas, de que resulta uma enorme capacidade de coesão interna e de dominação por parte da mais avançada, esta logra crescer e alastrar-se rapidamente sobre os territórios e os contingentes tribais, na forma de uma nova etnia nacional.

Implantando-se como um rebento de uma matriz exógena com a qual se manterá sempre vinculada, a etnia nacional não se estrutura para si, mas como um proletariado externo posto a serviço do seu centro reitor: a metrópole colonizadora. Sua função básica será, por isso, a de órgão de recrutamento da mão de obra e de organização da produção mercantil de acordo com técnicas e procedimentos prescritos do exterior. No exercício dessa função, toma dos indígenas, numa primeira etapa, tudo que possa deles aprender para se implantar e sobreviver na nova terra. Mas, logo a seguir, impõe-se a eles com a força redobrada da adaptação ecológica lograda, através de uma enorme capacidade de recrutar e colocar a seu serviço quantos indígenas consiga capturar e, sobretudo, de integrar na nova etnia nascente os mestiços dos cruzamentos com índias.

Uma vez constituída esta entidade étnica, servida por uma tecnologia mais avançada e vinculada a núcleos externos que regerão suas instituições, ela passa a atuar sobre as tribos indígenas como uma força irresistível de desintegração. Sua tecnologia mais alta jamais se oferece como um repertório de novos modos de fazer que os indígenas possam adotar livremente. Difunde-se, isto sim, na forma de produtos acabados oriundos de um sistema produtivo muito mais complexo, que só podem ser inseridos na vida tribal como utilidades obtidas através de relações econômicas.

No plano socioeconômico, compele as tribos indígenas a redefinir a estrutura de suas sociedades autárquicas, de suas instituições fundadas no parentesco, para assumirem formas mais singelas de família e de sociabilidade, compatíveis com sua integração dentro de uma estrutura social classista devotada à produção mercantil.

No plano ideológico, o problema é mais complexo, dada a multiplicidade das possíveis representações mentais dos mesmos modos de existência. Ainda assim, observam-se, também aqui, uniformidades visíveis, tanto na ideologia da sociedade nacional que se expande quanto na conformação ideológica dos índios aculturados. Estes serão cada vez mais parecidos uns com os outros, enquanto índios genéricos, e cada vez mais distanciados do que eram originalmente, porque seu denominador comum passa a ser representado pelo que absorveram de uma mesma fonte externa e porque todos experimentam as mesmas compulsões e os mesmos desafios de redefinição do seu corpo de crenças e valores.

A principal característica das etnias tribais em relação à sociedade nacional reside na multiplicidade e heterogeneidade das primeiras em face da unidade e homogeneidade fundamentais da última. Em virtude dessa disparidade, cada tribo é levada a experimentar, de per si e desajudada, as compulsões resultantes daquela expansão e a reagir de acordo com suas características peculiares. Os estudos monográficos tendem a ressaltar essas reações divergentes, porque só elas explicam cada situação concreta. Nos estudos gerais, como o presente, cabe ressaltar, ao contrário, as situações gerais de conjunção condicionadoras dos enfrentamentos, bem como os fatores comuns responsáveis pelas compulsões e coerções exercidas sobre todas as tribos pela sociedade nacional.

Embora muito poucas destas situações gerais e destes fatores comuns digam respeito a etnias tribais, pode-se falar de determinantes externos ou exógenos, quanto às características da sociedade nacional, e de determinantes internos ou endógenos, quanto às múltiplas características dos diversos grupos tribais. Todavia, enquanto as compulsões e coerções exógenas são impositivas e uniformes, as endógenas são principalmente predisposições para reagir em consonância com o contexto cultural anterior aos contatos.

Não obstante, existem no plano sociocultural certas uniformidades concernentes aos grupos tribais que devem ser assinaladas, dado o seu valor explicativo. Primeiro, sua enorme defasagem com respeito à sociedade nacional; segundo, as diferenças de etapas evolutivas em que se encontram as diversas tribos. Essas etapas permitem distinguir pelo menos duas categorias: as tribos pré-agrícolas, representadas por pequenos grupos de caçadores e coletores, cada um dos quais com populações que raramente excedem cem pessoas. E as tribos de agricultores, que contam com um sistema de adaptação ecológica à floresta tropical — a lavoura de coivara — e alcançam montantes populacionais muito maiores: grupos locais que às vezes excedem mil pessoas. Estas últimas, por seu grau mais elevado de evolução, ofereciam maior interesse ao colonizador como mão de obra aliciável através da escravidão ou de outros procedimentos.

Entretanto, mesmo esses grupos mais avançados e mais populosos encontravam-se na etapa da evolução humana em que prevalecem, na configuração das etnias, as forças centrífugas sobre as centrípetas (Ribeiro, 1968). A maioria delas conseguira desenvolver sistemas especializados de produção agrícola que lhes permitira alcançar níveis ponderáveis de expansão demográfica. Constituíam, sem embargo, meras aldeias agrícolas indiferenciadas que não haviam originado contingentes rurais e urbanos, nem experimentado uma estratificação em classes que lhes ensejasse uma estrutura como Estados rurais-artesanais (Ribeiro, 1968). Nessas condições, eram ativadas por uma tecnologia produtiva que dava lugar a constantes incrementos populacionais. Mas, carecendo de instituições políticas integradoras capazes de possibilitar sua organização em grandes estruturas políticas inclusivas, dispersavam-se ao crescer. Prevaleciam, assim, as tendências centrífugas fazendo com que a elevação do número de membros de cada grupo local conduzisse à sua divisão em dois ou mais grupos que cada vez mais se distanciavam e se diferenciavam uns dos outros, acabando por constituir miríades de microetnias.

Multiplicavam-se, desse modo, por cissiparidade, gerando novas etnias conscientes de sua especificidade e isentas de qualquer identificação com outras. Mesmo quando reconheciam certo parentesco entre comunidades originárias de um tronco comum e que falavam dialetos mutuamente inteligíveis, isso não impedia o desenvolvimento de relações hostis. Os Tupinambá oferecem um exemplo elucidativo de tribos do mesmo complexo étnico que exerciam entre si, de preferência, os padrões guerreiros de disputa de prestígio e a antropofagia ritual, porque se tratava de atividades tão culturalmente reguladas que dificilmente poderiam ser realizadas com estranhos. E talvez também porque essas relações hostis constituíam um dos principais mecanismos de defesa contra a dispersão resultante do incremento demográfico, uma vez que tanto a guerra como a antropofagia vitimavam exclusivamente os homens.

Somente na região dos formadores do Xingu e talvez também no Guaporé e no Pará setentrional, encontramos conglomerados de tribos que, apesar de culturalmente distintos, desenvolveram sistemas normativos de relações interétnicas. Mesmo nesses casos, tais complexos estavam longe de assegurar base para a constituição de uma unidade política mais integradora que a tribo. Para isso, provavelmente seria necessário que alguns dos grupos alcançassem, em relação aos demais, condições materiais de conquista e subjugação permanente e desenvolvessem tanto as instituições políticas quanto os estímulos culturais necessários para exercer uma dominação de base territorial.

Os grupos guaikuru, com a adoção do cavalo, alcançaram aquelas condições materiais de conquista e certo estímulo para exercer o domínio. Contudo, suas instituições larvares de subjugação de cativos eram visivelmente insuficientes para implantar um Estado multiétnico. Principalmente porque os Guaikuru deviam dar este passo já em competição com duas etnias nacionais de extração europeia — a luso-brasileira e a hispano-americana — que se expandiam sobre seus territórios.

É evidente a importância explicativa da defasagem evolutiva entre a sociedade nacional e as etnias tribais. Ela é que impossibilitou até mesmo a grupos indígenas do mesmo complexo étnico se unificarem em organizações operativas capazes de enfrentar o invasor europeu. A esse respeito é elucidativo o exemplo da Confederação dos Tamoios, que reuniu no século XVI diversos grupos tupi num movimento de resistência à subjugação europeia quando ela ainda era possível; e a chamada "Guerra dos Bárbaros" (século XVII), em que uma aliança das tribos tapuia enfrentou por meio século a expansão colonizadora do Nordeste. A análise desses casos parece demonstrar que "[...] as populações aborígines tinham capacidade de opor resistência organizada aos intuitos conquistadores dos brancos"; mas comprova por igual "[...] a inconsistência do sistema organizativo tribal para atingir semelhante objetivo" (Fernandes, 1960, p. 85).

Esta incapacidade de ascender da condição de estruturas tribais em diáspora às estruturas estatais é que condenou os grupos indígenas a optar pela submissão ou pela fuga, permitindo aos núcleos invasores crescerem de forma continuada e se constituírem em uma etnia nacional de dimensões e força irresistíveis, a qual, no curso de sua expansão, iria alcançar cada tribo arredia onde quer que se acoitasse.

Outras uniformidades quanto às populações indígenas dizem respeito a atitudes opostas de belicosidade ou de docilidade frente ao invasor e à predisposição conservantista ou renovadora no tocante à própria cultura. Uma atitude dócil ou receptiva e uma predisposição à mudança, facilitando o contato e a interação, conduz, quase fatalmente, ao extermínio do grupo pelo avassalamento. Acumulando os efeitos desagregadores e as tensões dissociativas inerentes à conjunção, essa postura impede o grupo de refazer-se das perdas humanas e restaurar os danos culturais que experimenta. Por outro lado, atitudes belicosas e esquivas, bem como rigidamente conservadoras, retardam o ritmo de interação e a sucessão de seus efeitos deletérios, abrindo maiores perspectivas de sobrevivência.

Estas características operam essencialmente como aceleradores e retardadores do processo de transfiguração étnica. Atuam, porém, dentro do enquadramento das demais características das situações de contato. Assim é que nenhuma atitude aguerrida e nenhuma predisposição conservadora garantem a sobrevivência de um grupo se ele se defronta com uma vigorosa frente de expansão (como a agrícola, por exemplo) que, impondo-lhe a coexistência com grandes conglomerados humanos, intensifica fatalmente o ritmo da transfiguração.

Outra ordem de uniformidades significativas, ao que parece, corresponde à singeleza ou complexidade relativas do sistema associativo das tribos indígenas. Com efeito, os grupos estruturados em unidades unilineares, como os clãs exogâmicos, parecem mais resistentes aos fatores dissociativos que os estruturados em famílias extensas. Aqui o fator causal parece residir no conservantismo a que já nos referimos. Trata-se, entretanto, de um concomitante que, somando à predisposição conservadora um fator estrutural que a viabiliza, permite opor maiores obstáculos à conscrição do indígena como mão de obra e preserva o sistema comunitário de organização do trabalho, retardando, assim, a degradação étnica e a descaracterização cultural.

Para além dessas uniformidades gerais concernentes às populações indígenas, a análise arrisca cair em meras singularidades responsáveis por reações diferenciais. Conforme assinalamos, o processo de transfiguração assume, em cada caso concreto, uma configuração particular só explicável em termos das peculiaridades oriundas do contexto cultural indígena anterior ao contato. Em certos casos, essas peculiaridades operam como aceleradores; em outros, como retardadores do ritmo da integração. Nas duas circunstâncias, porém, atuam como fatores seletivos que deixam passar certas inovações, mas obstam outras, visando sempre preservar a identidade étnica através de alterações estratégicas em sua configuração.

O próprio imperativo de construir essas novas configurações com elementos tomados das antigas e segundo valores e critérios delas provenientes permite às etnias tribais guardar certa continuidade ao longo de sua transfiguração. Preserva-se, desse modo, a identidade tribal, se não como um corpo de conteúdos uniformes, ao menos como uma sucessão particular de alterações, por meio das quais se mantém a singularidade de cada etnia, apesar de sua crescente homogeneização. Para essa preservação contribui ponderavelmente a predisposição inerente às etnias de desenvolver mecanismos de intensificação da solidariedade grupal e de autodignificação em face dos estranhos, seja mediante a restauração de velhos mitos, seja pela criação de novas representações do mundo.

Embora relevantes para a explicação etnológica de cada caso concreto, estas especificidades culturais não se prestam a generalizações. É o caso, por exemplo, de certos focos de interesse cultural muito variáveis, mas que marcam algumas culturas com um perfil próprio e indistinguível. É o caso da (1) religiosidade dos povos tupi, especialmente os Guarani; (2) o complexo sociorreligioso dos Bororo; (3) a vocação guerreira dos Kadiwéu. O primeiro explicável, talvez, como uma reação aculturativa que busca na conservação de tradições tribais verdadeiras ou hipotéticas a preservação da solidariedade grupal e a sustentação da autoimagem étnica. O segundo, como um complexo de fatores que tornaram viável maior resistência à aculturação. O terceiro, como uma forma específica de desajustamento à situação de interação com a sociedade nacional decorrente da conservação de ideais de vida tornados inviáveis.

Em todos esses casos estamos diante de focos de integração da cultura que operam como moderadores da personalidade e como orientadores da conduta, capazes de influir decisivamente no desdobramento de um processo singular de transfiguração étnica. Ao contrário das uniformidades antes assinaladas, esses fatores tendem a particularizar-se de tal modo que dificilmente poderiam ser objeto de análises gerais. Seu âmbito de variabilidade é quase tão grande quanto o número de etnias, o que torna infrutíferas as tentativas de formular regularidades consistentes à base dessas variantes.

O relevante é que, apesar da existência desse resíduo de fatores aleatórios, irredutíveis à análise, o estudo comparativo das situações de conjunção da sociedade nacional com as populações tribais permite reconstituir o processo de transfiguração étnica como uma sequência de efeitos de certos agentes causais que correspondem a instâncias de um processo natural e necessário que, uma vez desencadeado, conduz a resultados previsíveis. E permite também assinalar os principais desvios dessa sequência, explicáveis como reações diferenciais dos grupos indígenas ao impacto com a civilização.

[...]

Referências

FERNANDES, Florestan. "Os Tupi e a reação tribal à conquista". *In*: HOLANDA, Sérgio Buarque de (org.). *História geral da civilização brasileira*, v. 1. São Paulo: Difusão Europeia do Livro, 1960.

RIBEIRO, Darcy. *O processo civilizatório: etapas da evolução sociocultural*. Rio de Janeiro: Civilização Brasileira, 1968.

Acomodação ou assimilação?

[...]

Estes remanescentes indígenas, embora integrados no sistema econômico local, aculturados linguisticamente e quanto a quase todo o seu patrimônio cultural, não se dissolvem na população circunvizinha, mas, ao contrário, permanecem diferenciados dela em alguma coisa fundamental que não se pode encontrar em seus traços raciais, em seu sistema social ou em sua cultura, senão em certas lealdades étnicas e no poder isolador do preconceito, racial e social. Este se cristalizou, provavelmente, como uma técnica de competição ecológica, sustentada e mantida como requisito de dominação sobre grupos étnicos minoritários. Mas, uma vez plasmada, tende a permanecer como uma barreira infranqueável.

Comparando-se esses índios civilizados com os brasileiros que com eles convivem, o que se destaca como diferenciador dos indígenas é um grau de solidariedade interna maior, fundada na vida comunitária; e o fato de criarem seus filhos na concepção de que são índios e sob a pressão moral da hostilidade dos que os rodeiam. Em certo sentido constituem uma casta, tão conscientes estão todos, de um grupo e do outro, da existência de barreiras intransponíveis a separá-los, já que as respectivas identidades só se adquirem pelo nascimento e só se dissipam pela morte. Os fatos examinados permitem afirmar que a condição de brasileiro e a de indígena são tão opostas e tão distintas que não se pode falar de uma assimilação do indígena, mesmo dos mais aculturados. Em lugar da assimilação, o que prevalece é uma acomodação penosa que concilia certa participação na vida nacional com a perpetuação da identidade étnica discrepante.

Dentro desse tipo de ajustamento recíproco, os dois grupos em confronto se comunicam e se isolam através do estabelecimento de um *modus vivendi* que, evitando o conflito aberto, permite a coexistência, mas também as distâncias sociais, e frustra a fusão de ambos num só. Tal é a natureza desses sistemas interétnicos de entendimento que, distinguindo cada comunidade, uma aos olhos da outra, permitem que convivam às vezes em condições de simbiose, mas as situam como entes imiscíveis. É de assinalar que esse tipo de ajustamento constitui, provavelmente, o requisito essencial à preservação dos atributos de singularidade étnica dos índios civilizados. Só através desse *modus vivendi* podem subsistir, mas, persistindo, perpetuam sua indianidade.

Assim é que o índio civilizado, ao término de sua história aculturativa e apesar de todas as suas transfigurações étnicas, se vê diante de uma barreira construída dentro dele e fora dele que o condena a permanecer indígena. Nenhum grupo pôde escapar a essa realidade. Só através da fuga individual se pode sair dela, mimetizando-se em "não índio", se esta simulação não chega a ser percebida e denunciada.

Entretanto, é de se supor que uma mudança revolucionária na estrutura social global, que altere radicalmente a composição de classe e as normas compulsórias de contingenciamento da força de trabalho, erradicando desse modo as bases sociais da discriminação e do preconceito, possa transfigurar tanto aos brasileiros quanto aos índios. Nesta nova ordem de relações interétnicas, o índio civilizado tanto poderá viver em liberdade seu destino de microetnia, porque liberto das perseguições e da odiosidade que hoje o oprimem, como poderá romper, eventualmente, com sua identificação étnica para mergulhar na etnia nacional.

O dilema da América Latina (1971)

Darcy assinou o prólogo de *O dilema da América Latina* (1971) no mês de junho desse ano, em Santiago do Chile. Salvador Allende estava havia pouco mais de meio ano no governo. Nesses meses, Darcy redigiu este livro incandescente, que apresenta como "o terceiro" de uma tetralogia em curso sobre "como os povos americanos vieram a ser o que são, o lugar que ocupam no mundo moderno e as perspectivas de eliminar as desigualdades que separam as Américas pobres das Américas ricas". Os dois anteriores são, evidentemente, *O processo civilizatório* e *As Américas e a civilização*; quanto ao quarto (e "último"), Darcy o anuncia como uma obra em preparação, explicando: "Até agora só foi publicada a introdução" (refere-se ao livro que depois seria lançado com o título *Os brasileiros: teoria do Brasil*). Naquele momento de radicalização insuperável, Darcy não incluía *Os índios e a civilização* em sua lista, apesar de se tratar de um livro já publicado, certamente extenso, com o qual a pentalogia (mais tarde hexalogia) ficava reduzida a tetralogia.

Não é excessivo sustentar que *O dilema da América Latina* é o livro mais flamejante de Darcy. O cultivo do tópico da "revolução necessária" alcança, nessa obra, um nível paroxístico. Dão testemunho disso vários elementos, inclusive formais, dentre eles a dedicatória "Aos jovens iracundos" e os títulos de alguns de seus capítulos ("A revolução necessária"; "A revolução continental"), bem como os subtítulos de determinadas seções nas quais o diagnóstico é tensamente levado ao nível de uma encruzilhada fatal: "insurgência ou genocídio" é uma das contraposições mais rotundas que se apresentam.

3. As Américas no mundo

A brecha que se amplia

A tabela 4 permite avaliar o estágio que atravessavam em 1968 as nações mais adiantadas na América Latina pela comparação de indicadores de progresso socioeconômico. Por ele se vê como contrastam homogeneamente os dados referentes aos onze países, configurando três padrões bastante diferenciados. Um primeiro, de desenvolvimento pleno, representado por Estados Unidos e União Soviética; um segundo, de desenvolvimento em processo, figurado por França, Austrália e Japão; e um terceiro, de subdesenvolvimento, retratado pelas nações que na América Latina alcançaram maior progresso.

As enormes distâncias que medeiam entre o primeiro padrão e o último podem ser medidas comparando-se o Brasil com os Estados Unidos. Observa-se, pelo quadro, que a renda *per capita* norte-americana era, em 1968, treze vezes maior que a brasileira; a produção de energia elétrica era aproximadamente dezessete vezes maior e o consumo *per capita* de aço era doze vezes menor. Procedendo-se às mesmas comparações com outros países desenvolvidos verifica-se que, para atingir os níveis alcançados pela França e pelo Japão, o Brasil deveria multiplicar sua produção de aço e de energia elétrica, no primeiro caso por sete e por cinco e, no segundo, por nove e por seis. Basta estimar o custo de uma eletrificação e de uma expansão das aciarias desta ordem para avaliar-se o vulto da tarefa com que o Brasil, assim como as demais nações latino-americanas, se defronta para alcançar o desenvolvimento.

Embora altamente expressivos, esses índices não retratam toda a disparidade entre povos ricos e povos pobres. A renda anual *per capita*, por exemplo, está muito mais próxima, no caso dos países desenvolvidos, do volume de recursos efetivamente disponível para os gastos de cada cidadão do que no caso dos subdesenvolvidos. Tal se deve à enorme distância que medeia entre as camadas pobres e ricas da população destes últimos em virtude de uma distribuição deformada da renda que favorece infinitamente mais ao capital que ao trabalho. Os ricos dos países pobres não só dispõem de grandes regalias, mas também de maiores rendas para desfrutar, servidos por uma mão de obra barata e farta, permitindo-se um luxo ostentatório que só os multimilionários dos países superdesenvolvidos podem fruir, quando se permitem tais dissipações. Em contraparte, a pobreza dos povos pobres é muito mais pobre, exibindo sua indigência pelas cidades e pelos campos, como uma enfermidade generalizada e grave, que marca a população em sua estatura apoucada, na pele macilenta e sem viço, nos dentes podres, na vestimenta, na linguagem, na postura e em todo o seu modo de ser.

Tabela 4: 1960 — Indicadores de desenvolvimento econômico de diversos países

	PIB total	Renda *per capita*	Incremento do PIB total	Incremento do PIB *per capita*
	(bilhões de dólares)	(dólares)	1960/1968	1960/1968
1. Estados Unidos	766.5	3.578	5.1	3.7
2. URSS	—	—	7.1[c]	5.8[c]
3. Japão	113.4	1.122	10.3	9.1
4. França	96.2	1.927	5.6	4.4
5. Austrália	21.3[a]	1.807[a]	5.0	3.2
6. México	29.9	511	6.7[b]	3.1[b]
7. Brasil	28.1[a]	271[a]	4.1[b]	1.1[b]
8. Argentina	20.2[a]	551[a]	2.9[b]	1.3[b]
9. Venezuela	7.3	803	5.0	1.4[b]
10. Colômbia	7.2[a]	268[a]	4.7[b]	1.5[b]
11. Chile	5.7	449	4.8[b]	2.3
	Consumo *per capita* de aço	Consumo *per capita* de papel de imprensa	Produção *per capita* de eletricidade	Produção *per capita* de cimento
	Kg/hab	Kg/hab	Kg/hab	Kg/hab
1. Estados Unidos	685	41.1	7.136	0.34
2. URSS	428	3.6	2.686	0.37
3. Japão	494	15.5	2.677	0.47
4. França	359	10.4	2.362	0.51
5. Austrália	489	32.9	3.701	0.32
6. México	75	3.1	481	0.13
7. Brasil	55	2.9	433	0.08
8. Argentina	94	8.7	756	0.18
9. Venezuela	147	5.9	1.116	0.25
10. Colômbia	28	1.5	349[d]	0.12
11. Chile	68	5.4	740	0.13

Fonte: ONU, *Statistical Yearbook*, 1969. a) 1967; b) 1960-1967; c) Taxa de crescimento do produto material líquido; d) 1966; e) Taxa anual de crescimento do produto interno bruto real a custo de fatores.

Os dados referentes ao crescimento da população demonstram, todavia, que o problema dos países subdesenvolvidos é ainda mais grave porque eles estão acionados por um índice de incremento demográfico 1,7 vezes maior que o norte-americano, 3,3 vezes maior que o francês e 4,5 vezes maior que o japonês. Admitindo que aqueles povos estivessem parados na história a esperar o avanço dos demais (o que seria evidentemente absurdo porque eles duplicam sua produção a cada vinte anos), somente para manter a distância relativa, que medeia entre uns e outros, assegurando aos novos contingentes demográficos, que crescem a ritmo intenso, a manutenção das condições atuais de vida, se deveria alcançar uma taxa de crescimento econômico muito maior do que a atual.

Os estudos de Kuznets (1965) mostraram que os ritmos mais altos de incremento do produto interno bruto *per capita* em longos períodos são os dos países socialistas, superiores a 6,5% ao ano.[16] A este ritmo e com uma taxa de incremento demográfico anual de aproximadamente 3,1%, o Brasil poderia, num prazo de quarenta anos, alcançar o nível de desenvolvimento dos Estados Unidos se esse país mantivesse, de agora até o ano 2000, os ritmos de crescimento demográfico (1,8%) e de elevação da renda nacional (2,9%) que experimentou na década de 1960. Isso significa que a superação do atraso para os povos latino-americanos é tarefa factível. Mas significa, também, que exige uma mobilização de vontades, de esforços e de recursos da mesma ordem daquela que alcançaram os países socialistas depois de consolidada sua revolução.

16 Segundo as estatísticas oficiais, o aumento anual do PIB *per capita* foi, entre 1950 e 1960, na União Soviética, de 12,9%, e na China, de 16,3%. Kuznets reduz esses índices, respectivamente, a 6,3% e a 6,8%.

Uma orientação espontaneísta de deixar as coisas entregues a si mesmas, confiante em que da livre interação de fatores resultará o progresso, corresponderia a uma autocondenação à penúria, à ignorância e ao atraso crescentes, tanto em comparação com os povos que se desenvolveram e se desenvolvem agora, como em números absolutos. Com os índices atuais de incremento demográfico de cerca de 3% ao ano, mesmo com uma taxa de crescimento do produto interno *per capita* da ordem de 2,8% alcançado no período de 1955 a 1960 em que mais progrediu, o Brasil necessitaria 132 anos para alcançar o nível de desenvolvimento dos Estados Unidos de 1960. Entretanto, nem mesmo aquela taxa foi mantida, uma vez que o índice de crescimento do PIB *per capita* do Brasil caiu a 0,4% de 1960 a 1964, segundo cálculos da Cepal [Comissão Econômica para a América Latina e o Caribe], e a 1,1% entre 1960 e 1968, de acordo com os dados da ONU. A essas taxas, o Brasil como a América Latina[17] precisariam não dc um século e meio, mas de alguns milênios para alcançar o desenvolvimento.

Nossas avaliações foram confirmadas para períodos recentes pelas projeções de Kahn & Wiener (1968) e pelos comentários que elas provocam (Simonsen, 1969; Freitas, 1968; Melo Filho, 1970). Com efeito, aqueles estudos vieram demonstrar que, mesmo nas hipóteses mais favoráveis de desenvolvimento, a América Latina só poderá alcançar um desempenho medíocre enquanto permanecer atada ao sistema vigente. A uma taxa anual de 4% a 4,5% de incremento do PIB, que é bastante alta para longos períodos, a Argentina necessitaria

17 Para o conjunto da América Latina, estas proporções são ainda mais alarmantes, uma vez que as mesmas taxas decresceram para toda a área (exceto Cuba) de 2,2% de 1950 a 1955 a 1,4% de 1955 a 1960 e caíram, finalmente, a 0,4% entre 1960 e 1963, para voltarem a subir a 2,2% de 1964 a 1970 (Cepal).

de 69 anos para alcançar a renda *per capita* da América do Norte de 1965. O Brasil necessitaria para o mesmo desempenho 130 anos, o México, de 162 e a Colômbia exigiria nada menos que 358 anos. As mesmas projeções expressas em dólares indicam que, enquanto a América do Norte saltaria num verdadeiro *boom* econômico de 3.557 dólares de renda *per capita* em 1965 para 10.160 no ano 2000, o Brasil apenas progrediria, no mesmo período, de 280 para 506; a Colômbia de 277 para 359; o México de 455 para 680; e a Argentina de 492 para 1.300. Como se vê, a expectativa de todos esses países é que, mesmo progredindo a ritmos substancialmente maiores do que o experimentado nos últimos anos, se encontrem, nas próximas décadas, em situação relativa ainda pior, uma vez que a diferença entre sua renda *per capita* e a norte-americana passaria de menos de um décimo para menos de um vigésimo daqui até o ano 2000.

Essas avaliações, fundadas num conjunto de estatísticas mais aparatoso que qualquer dos compulsados anteriormente, provocaram um enorme impacto na América Latina. A imprensa brasileira exasperou-se contra o "catastrofismo" de Kahn & Wiener, e inúmeros tecnocratas oficiais e oficiosos puseram-se em ação para contestar aquelas projeções. Alguns deles demonstraram que, tomando como ponto de partida 1965, desfavorável à economia brasileira, Kahn havia tornado suas projeções demasiado sombrias, o que é verdadeiro. A correção, porém, faria apenas com que a diferença das respectivas rendas *per capita* passassem de um vigésimo para dezoito avos. Outros, achando que os ritmos de aumento do PIB eram pouco flexíveis, saltaram sobre as expectativas de incremento populacional, reduzindo hipoteticamente a população brasileira prevista por Kahn & Wiener para o ano 2000 de 212 milhões para 168 milhões (o que supõe um verdadeiro genocídio). Desse modo, reduzido o divisor do PIB, a renda *per capita* aumentaria dos 506 dólares de Kahn & Wiener para 757 — a um ritmo anual de incremento de 5% — e até a algo mais de mil, conforme o aumento que se atribuísse ao incremento anual do PIB.

Neste ambiente é que os resultados preliminares do Censo Nacional do Brasil, de 1970, anunciando uma população de 93 milhões — algo menor portanto que a esperada, que era de 97 milhões —, e as publicações oficiais revelando que nos últimos dois anos (1969 e 1970) o incremento do PIB total fora superior a 7%, operaram como uma injeção de ânimo no orgulho nacional. Na verdade, não há razões para grande entusiasmo. Primeiro, porque, se a população continua crescendo ao ritmo decrescente experimentado na última década, os brasileiros serão provavelmente 225,8 milhões no ano 2000. Segundo, porque, mesmo a um ritmo de 7% do PIB global, haverá uma taxa de incremento de renda *per capita* de menos de 4,5% ao ano, que voltará a situar o Brasil nas sombrias expectativas de Kahn & Wiener.

Em face da rigidez desse enquadramento, a propaganda oficial que se dirige à opinião pública em termos de "Projeto de Brasil-Grande", "Ninguém segura este país", passa a esgrimir outros argumentos. O principal deles é a expectativa — sem fundamento algum — de uma progressão equivalente à japonesa. Entretanto, nesse caso, os altíssimos ritmos de incremento do PIB se explicam por tratar-se da reedificação e crescimento de uma economia que já havia alcançado anteriormente o desenvolvimento autônomo e que nunca fora dependente como as latino-americanas. Como se sabe, tal desempenho é muito mais fácil que a façanha de romper com a dependência e o subdesenvolvimento.

Essa argumentação falaz busca justificar uma política econômica cujos fundamentos são: primeiro, a manutenção da dependência externa sob a justificativa de que só aliando-se às grandes corporações multinacionais será possível alcançar altos ritmos de progresso; segundo, uma orientação econômica ainda mais privilegiadora dos grupos de altas rendas com base no raciocínio de que, comprimindo o nível de vida de 60% da população (que já vive em condições sub-humanas), seria possível dar aos 40% restantes um alto padrão de consumo e grandes oportunidades de poupança. Essas diretrizes estratégicas permitiriam uma assinalável expansão do setor modernizado da economia para criar as bases de uma potência econômica que, uma vez amadurecida, trataria da integração de suas massas marginalizadas. Terceiro, uma redução drástica do ritmo de incremento populacional, tal como o Japão está levando a cabo, a qual, no caso de uma estrutura econômica e demográfica como a brasileira, teria o efeito de tornar praticamente impossível qualquer desenvolvimento real no futuro, conforme veremos no capítulo seguinte.

Tabela 5: (1965-2000) Perspectivas de incremento demográfico e crescimento econômico de vários países da América Latina

	População (milhões)		PIB (US$ de 1965)		Renda *per capita* (US$ de 1965)		Nº de anos necessários para alcançar o PIB *per capita* dos EE.UU de 1965
	1965	2000	1965	2000	1965	2000	
Argentina	22.4	33.4	11.0	43.0	492	1.300	69
Brasil	82.2	212.1	23.0	107.0	280	506	130
Colômbia	18.1	54.9	5.0	20.0	277	359	358
México	42.7	133.2	19.4	91.0	455	680	162

Fonte: Kahn & Wiener (1968).

Projeções estatísticas para longos períodos são sabidamente inseguras. Devem ser utilizadas com cautela, inclusive porque não existe indicação alguma de que o progresso das nações desenvolvidas se faça linearmente por um crescimento exponencial do produto interno *per capita*, nem que a ruptura com o atraso por parte das nações subdesenvolvidas se proceda necessariamente segundo a mesma via. Muito ao contrário, o que caracteriza o capitalismo é sua suscetibilidade de experimentar crises que interrompem periodicamente a continuidade de todas as conjunturas que se formam. Apesar dessas reservas, as referidas projeções têm, ao menos, a utilidade de demonstrar a precariedade das soluções possíveis dentro do sistema capitalista e, inversamente, as potencialidades do socialismo.

A simples enunciação desses índices, enquanto antecipações das conjunturas verossímeis a partir da situação presente e das tendências em curso, nos dá uma medida da pressão que as aspirações de progresso cada vez mais veementes dos povos latino-americanos exercerão nos próximos anos sobre as estruturas atuais que os condenam ao subdesenvolvimento. E dão, por igual, uma ideia do atrativo que exercerão sobre os povos do Terceiro Mundo o modelo socialista-revolucionário, como sua saída natural para o subdesenvolvimento. Na verdade, como sua única saída porque, por um lado, só ele atende aos requisitos de ruptura simultânea com a dependência externa e a dominação classista interna indispensável para empreender o desenvolvimento autônomo; e, por outro lado, porque só as formações socialistas-revolucionárias foram capazes, até agora, de acionar uma aceleração evolutiva a partir de estruturas sociais deformadas pela dependência, em países que contavam com grande montante populacional, como foi o caso da Rússia e da China.

[...]

Referências

FREITAS, José Itamar de (org.). *Brasil ano 2000*. Rio de Janeiro, 1968.

KAHN, Herman & WIENER, Anthony J. *O ano 2000. Uma estrutura para especulação sobre os próximos trinta e três anos*. Prefácio de Roberto de Oliveira Campos. São Paulo, 1968.

KUZNETS, S. *Crecimiento económico de postguerra*. México, 1965.

MELO FILHO, Murilo. *O desafio brasileiro*. Rio de Janeiro: Bloch, 1970.

SIMONSEN, Mário Henrique. *Brasil 2001*. Rio de Janeiro, Apec Editora, 1969.

12. A revolução continental

Acreditamos haver demonstrado, ao longo deste livro, o caráter anacrônico das classes dominantes da América Latina e sua conivência com os fatores causais do atraso que as inabilita estruturalmente para promover o desenvolvimento autônomo. Supomos haver demonstrado, por igual, a inaptidão das esquerdas tradicionais para se constituírem em um contendor instrumentado de projetos viáveis de tomada do poder e de reordenação da sociedade a fim de fazer frente à condenação ao atraso a que têm estado submetidos os povos latino-americanos.

Esta dupla inaptidão é que permitiu, primeiro, o florescimento dos regimes populistas e reformistas como as derradeiras configurações de um poder neopatricial em que a velha ordem foi vigorosamente contestada. E, mais tarde, a implantação de ditaduras regressivas surgidas de golpes militares, como operação de retomada do mando por parte da velha classe dominante. As exceções são, até agora, Cuba e Chile, que conseguiram saltar os obstáculos para chegar a formas socialistas de ordenação sociopolítica; Bolívia e Peru, que tratam de estruturar regimes nacionalistas-modernizadores; e o México, que está desafiado a reativar sua revolução esclerosada.

A arena política

Os governos reformistas, vendo frustrados seus esforços para executar, pacífica e persuasoriamente, um programa renovador, se encontraram diante de desafios superiores à sua força. Duas possibilidades se lhes abriram. Primeiro, a de aderir à reação e, desse modo, salvar o arcabouço republicano-patricial a fim de preservar suas condições de existência como agrupamento político-partidário. Este recuo teria representado seu descrédito definitivo frente às massas que mobilizaram para as reformas e cujo apoio cortejavam em disputa com outros reformistas mais radicais e com os populistas. Segundo, o de radicalizar-se e evoluir revolucionariamente para um regime nacionalista-modernizador que rompesse as alianças com o patriciado político, a fim de implantar uma nova estrutura de poder sustentada por um dispositivo militar próprio e assentada em órgãos extrapartidários de extração popular, tais como as organizações sindicais. Essa opção só teria sentido para as esquerdas que, em sua imaturidade, jamais lutaram para concretizá-la. Para as lideranças reformistas, semelhante saída seria tão negativa quanto a adesão à direita, uma vez que negaria, por igual, seu caráter de dirigentes de um movimento intrinsecamente reformista e liberal. Ao não encontrar saída para o impasse, as lideranças reformistas e populares viram suas vitórias nos pleitos eleitorais e na mobilização popular para as reformas reduzidas a provocações sem maior alcance. Mas sua ação teve o mérito de inviabilizar a recomposição de uma estrutura de poder estável dentro do padrão republicano-patricial em sociedades tão desigualitárias como o são as latino-americanas.

Criou-se, assim, o vazio do poder e um clima de tensão propícios aos golpes de Estado e à instauração das ditaduras regressivas. Estas, uma vez instaladas no poder, se viram diante de uma situação nova em que sua condição de únicas guardiãs do que definem como "segurança nacional" lhes conferiu um poderio que jamais havia sido desfrutado por qualquer governo. Não tendo, porém, outro projeto de reordenação socioeconômico senão o recomendado pelos tecnocratas mais comprometidos com as classes dominantes tradicionais e seus associados estrangeiros, entregaram-se à tarefa de executá-lo a qualquer custo, utilizando os poderes excepcionais de que se investiram. Neste passo revogam, mediante a edição de uns poucos decretos executivos, todo um quadro institucional elaborado ao longo de décadas para a defesa dos interesses nacionais contra a avidez das empresas estrangeiras e para proporcionar às camadas assalariadas alguma proteção contra o arbítrio patronal, bem como uma parcela maior do produto do seu trabalho.

O fracasso desse projeto, evidenciado pela sua incapacidade de dar solução aos grandes problemas nacionais e pela sua propensão à violência, gerou uma tensão política que diluiu rapidamente as áreas de apoio das ditaduras regressivas. Recolocou-se, então, a problemática com que se defrontaram os regimes nacional-sindicalistas: a impossibilidade de restaurar a vida republicano-patricial a não ser como um simulacro ainda mais inautêntico que o antigo; a incapacidade de promover as reformas estruturais indispensáveis para alargar as bases do sistema de modo a integrar as massas marginalizadas e permitir o desenvolvimento autônomo; ademais da impossibilidade de pôr cobro à apropriação das riquezas e dos frutos do trabalho nacional pelas empresas estrangeiras. Diante desse impasse, também as ditaduras regressivas entram em crise, mas isso ocorre agora, dentro de uma conjuntura nova que transfigurou todos os protagonistas da arena política. A estrutura de poder já não é representada por elites ou antielites de extração patricial, populista ou reformista que possam ser acusadas, por ação ou omissão de clientelísticas, de corruptas ou propensas ao comunismo. É constituída por altas hierarquias militares que assomaram ao poder e refletem a hegemonia de facções dentro das forças armadas, e não de parcelas diferenciadas da opinião pública. E as esquerdas atuantes já não são os reformistas de todos os matizes e os comunistas ortodoxos, empenhados em participar do sistema como forças progressistas, mas sim disputantes do poder político.

Nesta conjuntura, se vão diferenciando duas correntes ideológicas opostas ao sistema: a dos grupos militares e os setores técnico-intelectuais classe-medistas com eles coligados que defendem o trânsito ao modelo nacionalista-modernizador como o mais capacitado a levar a cabo um projeto próprio de desenvolvimento nacional autônomo, oposto tanto ao velho patriciado político quanto às esquerdas revolucionárias, destinado a conter a voracidade do patronato nativo e da dominação norte-americana, e as novas esquerdas, virtualmente insurgentes, que propugnam uma saída socialista, seja revolucionária, seja evolutiva. Com a primeira corrente ressurge, transfigurada, a opção que se colocou no passado aos líderes nacional-sindicalistas e depois aos governos reformistas, mas que uns e outros foram incapazes de levar à prática. Com a segunda, volta a propor-se o projeto socialista, encarnado agora por uma esquerda nacional autônoma, e não por representações locais das correntes pró-soviéticas, pró-cubanas ou pró-chinesas.

Frente a essas duas posturas renovadoras, os sustentáculos militares das ditaduras regressivas se dividem em diversas facções. Uma delas reúne os "duros", representados pelos régulos castrenses que só se sentem seguros com a manutenção a qualquer custo da ordem vigente e exigem uma repressão cada vez mais violenta, voltada contra tudo e contra todos que não se submetam inteiramente ao regime. A outra aglutina os militares políticos que buscam legitimar o regime por meio de formas mais ou menos elaboradas de mascarar a ditadura com simulacros de procedimentos republicanos. A primeira atua principalmente nos quartéis, explorando o medo dos que, havendo assumido responsabilidades no desencadeamento de golpes de Estado ou se atolado na repressão, na tortura e na corrupção, sentem-se ameaçados tanto pelo possível revanchismo dos proscritos quanto pelo fantasma de um levante dos grupos insurrecionais. Seu projeto — como no caso do Brasil — é um fascismo colonial imposto mediante a conversão das forças armadas em aparelho policial de repressão e tortura que paralisaria, pelo terror, qualquer intuito de oposição; a exploração do infausto papel de subpotência imperialista regional que imporia uma nova *pax romana* à América Latina e a superutilização dos meios de comunicação de massa para entorpecer a opinião pública com esse projeto.

A segunda facção atua também nos quartéis, procurando aliados nos grupos que se desiludiram com o resultado dos golpes militares, mas não amadureceram ainda para a compreensão do caráter intrinsecamente regressivo das ditaduras que implantaram. Seu principal âmbito de ação é, porém, o círculo de políticos profissionais de perfil patricial, entre os quais alicia adeptos e, em menor grau, os remanescentes das forças reformistas e até da velha esquerda consentida, cuja propensão a entendimentos e alianças esses militares políticos procuram explorar. Seu projeto é restaurar regimes patriciais mais estáveis que as ditaduras regressivas e mais maleáveis por sua aparência democrática. Esse parece ser o projeto dos chefes militares argentinos atualmente no poder.

Tais restaurações patriciais, caso ocorram, terão tão pouca possibilidade de consolidação como as que restam em alguns países da América Latina (Uruguai, Colômbia, Venezuela e Costa Rica). Isso porque deverão afrontar a mesma problemática, agora agravada, que impediu seu funcionamento nos países em que foram derrubadas, e porque terão de enfrentar populações ainda mais despertas para a defesa de seus interesses e movimentos de massa que ressurgirão muito mais radicalizados e autônomos.

Em alguns dos países citados, sobretudo Colômbia e Venezuela, há certas expectativas de uma reativação reformista por parte de seus atuais governos. Essa especulação se baseia, em essência, na reação que tende a provocar, nos políticos neopatriciais que continuam ativos, a propensão dos militares rebeldes para os regimes nacionalistas-modernizadores. Supõe-se que, frente a essa ameaça, aquelas restaurações patriciais, no esforço por se manterem no poder, se proponham a provar que seus países não necessitam de autoridade mais forte nem mais progressista que elas mesmas, esgotando suas potencialidades de ação reordenadora. Mesmo admitindo essa hipótese, devemos convir que ela apenas recolocaria a problemática dos regimes reformistas em suas tentativas de aprovar leis de reforma agrária e de contenção da exploração estrangeira; e, ao mesmo tempo, de convencer os norte-americanos de que uma política de assistência mais generosa e de intercâmbio menos espoliativo é condição de sobrevivência de suas próprias empresas. A nosso modo de ver, se a radicalização dos militares nacionalistas for demasiado débil para a tomada direta do poder, é mais provável que provoque um contragolpe militar direitista, destinado a implantar ou consolidar ditaduras regressivas, do que um novo reformismo patricial.

Os protagonistas armados

Os esforços de consolidação das ditaduras regressivas, seja através do fascismo colonial, seja da transição a um simulacro de regime patricial, aparentemente começam a encontrar obstáculos na própria politização da oficialidade. Com efeito, a participação direta dos militares no exercício do poder levou certos setores da oficialidade a perceber, por um lado, o caráter irredutivelmente regressivo das ditaduras que implantaram através da aliança com os políticos patriciais, com o patronato oligárquico e com o estamento gerencial das empresas estrangeiras, cujos interesses retiraram do poder militar qualquer possibilidade de promover o desenvolvimento nacional autônomo. E, por outro lado, o caráter intrinsecamente repressivo do regime que custodiam, cuja continuidade só se pode lograr fazendo da tortura um instrumento de governo, ao custo da completa degradação das forças armadas.

Essas preocupações são evidenciadas pelo fato de que diversos porta-vozes das ditaduras regressivas manifestaram a intenção de coibir as torturas e, em seus pronunciamentos mais recentes, tanto cortejam quanto hostilizam os velhos políticos, e já começaram a hostilizar também o latifúndio e, até mesmo, a sobressaltar as empresas estrangeiras com ameaças de retorno a uma política nacionalista. Com respeito à tortura, aquelas declarações apenas revelam o desgosto de alguns militares com as tarefas hediondas que o tipo de regime que impuseram lhes exige. Com relação à política econômica, seus pronunciamentos são ainda meras manobras demagógicas e diversionistas que visam unicamente a alargar suas minguantes áreas de apoio dentro da própria tropa e a refrear a inquietação daqueles setores mais lúcidos. Mas acabarão por fazê-lo em razão da relevância que em si mesma tem uma reforma agrária para a integração das massas rurais marginalizadas na economia da nação e da necessidade imperativa de pôr cobro à sangria de recursos nacionais por parte de empresas estrangeiras.

Todavia, é bastante improvável que a transição entre a utilização demagógica destas consignas e sua aplicação efetiva como diretrizes de governo se faça por uma progressão evolutiva das próprias ditaduras regressivas. Elas estão de tal modo comprometidas com a manutenção do *status quo* e com a prática da repressão e da tortura que o apelo a essas consignas reformistas só contribuirá para debilitá-las dentro de suas próprias hostes e para fortalecer uma oposição que se gestará dentro delas e um dia disputará o poder para instaurar um regime de modelo nacionalista-modernizador.

Esta oposição militar às ditaduras regressivas surgirá, provavelmente, como um movimento de oficiais jovens que se oporão tanto ao caráter gerontocrático das altas hierarquias militares atualmente no exercício do poder quanto aos regimes que elas geraram. Não em razão de valores ideológicos esquerdistas, nacionalistas ou civilistas, mas sim da convicção de que o regime vigente, pondo em risco o próprio poderio militar, cada vez mais impugnado por seu caráter regressivo e repressivo, poderá arrastar de roldão todo o sistema, acabando por deixar como única saída possível o socialismo-revolucionário. Para impedir essa saída, vista como catastrófica porque colocaria todo o povo contra os militares como encarnação de um poder antinacional e antipopular, é que, em lugar de uma legitimação eleitoral, eles buscam uma legitimação programática do poder militar.

Vários fatores estão contribuindo para a conscientização ainda incipiente dos militares. O fator mais geral — parcialmente responsável pelas ditaduras regressivas — talvez seja a percepção pelos próprios militares da inutilidade das forças armadas como órgãos de defesa contra um inimigo externo, em virtude de sua evidente incapacidade de lutar em qualquer guerra moderna. Advertidos disso, se sentem desafiados a procurar novas funções. Redefinem então seu papel e, de uma instituição técnico-profissional de segurança e defesa, passam a atribuir-se a missão de organismo político integrador da sociedade nacional e promotor de sua modernização.

Como fatores específicos dessa reviravolta ideológica se conta, em primeiro lugar, a própria dialética da luta antirrevolucionária que, por um lado, os coloca, de alguma forma, em contato e sob a influência de corpos doutrinários de explicação causal do atraso de seus países e de denúncia de seu próprio papel como força repressiva a serviço de interesses que lhes são estranhos. E, por outro lado, os faz atentar para o agravamento das condições propícias à insurgência, de cujas análises ressaltam os interesses sociais que mantêm e perpetuam estas condições, geradoras tanto de problemas político-sociais como de problemas militares. Representam também papel importante nesta politização, por um lado, a própria discussão das soluções dadas pelos governos militares aos problemas nacionais que, constituindo em muitos casos opções entre diferentes alternativas, colocam a descoberto a conivência do regime com os aspectos mais injustos da ordenação social. Por outro lado, o próprio estudo programático dos problemas nacionais que, apesar de empreendido pelas academias militares com todo o cuidado de orientá-lo a uma doutrinação reacionária, não impede que às vezes ressaltem aspectos polêmicos como o relativo à política de privilegiar o capital estrangeiro. A postura rígida das altas hierarquias diante destas questões não deixa aos militares outra alternativa que calar suas inquietações para não ser objeto de suspeitas ou selecionar cuidadosamente os temas de debate, assumindo em ambos os casos uma atitude dúbia, mas, no fundo, convicta da precariedade das razões e justificações da política oficial.

Outro fator tem sido a afluência a cursos de especialização nos Estados Unidos, a qual, contra todas as expectativas, opera em muitos casos como elemento de politização e desalienação. Primeiro porque, obrigando os militares a situar-se, como latino-americanos, no convívio cotidiano dentro de um ambiente tão carregado de discriminação e preconceito racial como o norte-americano, opera sobre os mais inteligentes como um fator de desmistificação. E, em segundo lugar, porque, ao observar as tensões sociais, as manifestações antibelicistas, o despertar da consciência política da juventude e das minorias raciais e, ademais, a crise moral e econômica e a consequente frustração do projeto imperial norte-americano, produz neles um efeito catártico, permitindo ver os Estados Unidos sob uma ótica mais realista.

Como último fator opera a mudança radical de posição de amplos setores da opinião pública, sobretudo da Igreja católica, cujas manifestações sobre a necessidade de reformas estruturais e até mesmo de uma revolução socialista produziram uma grande impressão sobre muitos militares. Provocou, a princípio, revolta e perplexidade, como uma deserção de aliados mais comprometidos que eles próprios com a defesa da "civilização ocidental e cristã". Provocou, mais tarde, inquietação porque a viragem dos padres para a esquerda indicava que os tempos estavam mudando e, mais cedo ou mais tarde, cada pessoa seria chamada a definir sua posição frente à ordem desigualitária vigente, assumir suas responsabilidades e responder por suas ações em defesa do sistema.

Não se trata ainda de uma maturação intelectual dos militares e, muito menos, de uma mutação ideológica que os prepare para a reforma ou a revolução. Mas já se pode pressentir o início do desmoronamento do corpo doutrinário que os fazia atuar inscientemente como o instrumento crucial de defesa do *status quo*, a serviço dos interesses mais retrógrados. Ressurge, assim, para as nações latino-americanas, regidas por lideranças militares, a alternativa nacionalista-modernizadora que vetaram antes quando, encarnada por poderes civis, representava para eles uma "propensão ao comunismo". Ressurge, inclusive, como a única saída que, a seus olhos, e na perspectiva de amplos setores intermédios, é socialmente eficaz, politicamente viável, além de muito mais desejável que a restauração das velhas estruturas patriciais. E, acima de tudo, como uma alternativa ao socialismo-revolucionário, temido por todos.

A factibilidade do modelo nacionalista-modernizador se assenta no fato de situar-se dentro do horizonte de decisões dos próprios militares; de corresponder a seu autoritarismo salvacionista, à sua atitude moralista e à sua hostilidade aos políticos profissionais. Assenta-se ademais na esperança de recuperar sua antiga postura nacionalista, em lugar de se comprometerem mais ainda como o principal sustentáculo da dominação estrangeira.

A viabilidade maior dessa saída se baseia no fato de que, apesar de representar uma ruptura revolucionária com a estrutura de poder vigente, essa ruptura seria menos radical do que a necessária para a instauração de um regime socialista revolucionário. Enquanto esta última só seria possível mediante o desencadeamento de uma conflagração social generalizada que colocaria toda a estrutura de poder em risco de proscrição, a implantação de um regime nacionalista-modernizador poderia ser lograda a partir de um movimento militar que não exige uma mobilização popular prévia, embora reclame, mais tarde, um rompimento revolucionário com os agentes da conscrição interna e externa.

Finalmente, a atratividade maior para os militares do modelo nacionalista-modernizador provém da circunstância de que ele promete ser uma alternativa capaz de assegurar a sobrevivência do próprio capitalismo na forma de capitalismo de Estado; de preservar os interesses imediatos dos setores intermédios e sobretudo de manter o poder nas mãos dos próprios militares, emprestando-lhe nova legitimidade. Esta não mais fundada em procedimentos político-eleitorais ou na simples usurpação do poder, mas sim no apoio das massas obtido através de um programa nacionalista e de uma nova política salarial, apelando, se necessário, para a organização de um partido oficial ou de um movimento popular, como esteio ao novo regime reformista.

Nestas circunstâncias, os movimentos tendentes a implantar regimes de modelo nacionalista-modernizador, sob regência de hierarquias militares, não afrontam a hostilidade de todos os setores das classes dominantes e dos setores intermédios. Podem contar, ao contrário, desde sua etapa conspirativa, com a anuência ou a neutralidade de amplos setores do dispositivo militar das ditaduras regressivas. Uma vez no poder, sua área de sustentação tende a aumentar, tanto no âmbito patronal — caso se defina como um regime destinado a preservar o capitalismo nacional e abrir-lhe novas perspectivas mediante o subsídio às empresas privadas nacionais — quanto no âmbito das camadas populares se se decide pelo fortalecimento dos sindicatos, pela liquidação do latifúndio improdutivo e pela contenção da exploração estrangeira.

Assim é que, apesar de suas características ambíguas resultantes de sua origem militar, de sua propensão autocrática e de sua obsessão anticomunista, o modelo nacionalista-modernizador pode ser favorecido pela imagem de um poder anti-imperialista; e ser prestigiado pela oposição que suscitará no patriciado político tradicional, na oligarquia fazendeira, na grande imprensa e no estamento gerencial das empresas estrangeiras. Poderá alcançar, por tudo isso, um amplo apoio de massas, sobretudo das classes médias e dos setores das classes subalternas mais integrados ao sistema.

Pelas razões expostas, o nacionalismo-modernizador tenderá a oferecer a certos círculos atrativos cada vez maiores nos próximos anos. Principalmente quando se patentear, de modo ainda mais evidente, o curto alcance da modernização reflexa (por meio da industrialização recolonizadora e da "integração latino-americana") propugnada pelos Estados Unidos e posta em prática pelas classes dominantes nativas; e na medida em que os movimentos de esquerda pareçam mais habilitados a disputar o poder a fim de implantar regimes socialistas.

A alternativa socialista

Ao contrário da implantação de autocracias nacionalistas-modernizadoras, a de regimes socialistas — seja do modelo evolutivo ou do revolucionário — apresenta enormes dificuldades. Conforme assinalamos, as condições requeridas para isso implicam o surgimento de uma esquerda radical mais organizada, mais responsável e mais autônoma que qualquer das existentes e a ocorrência de uma conjuntura política em que ela se torne capaz de acionar revolucionariamente amplas camadas da população, sob as difíceis condições impostas pela reação.

Estas possibilidades de ascensão ao socialismo são, entretanto, mais amplas do que geralmente se admite. Demonstra-o o fato de haver-se tornado inviável o regime patricial em tantos países da América Latina pela oposição irredutível entre o eleitorado popular e a estrutura tradicional de poder, e a impossibilidade de legitimação das ditaduras regressivas através do apoio popular. Em países como a Argentina e o Brasil, por exemplo, as classes dominantes há vários anos não permitem a realização de eleições livres porque são incapazes de ganhá-las. É certo que nesses países os grandes eleitores são lideranças reformistas, e não socialistas. Mas aqui precisamente reside o temor das classes dominantes que se perguntam se se pode confiar em que governos "peronistas" ou "getulistas" corresponderiam à ideologia pessoal de seus patronos ou às aspirações das massas que os apoiariam e lhes serviriam de sustentáculos. Há pouca dúvida de que essas massas, conscientizadas como foram nos últimos anos, aspiram ao socialismo e só não optam por ele por serem proibidas de fazê-lo.

À luz dessas observações se poderia dizer que outras opções ao socialismo, como a feita há pouco pelo eleitorado chileno, não ocorreram antes na América Latina porque foram impedidas por golpes militares preventivos. Na verdade, esta opção só pôde vingar no Chile porque, ademais de certos fatores históricos específicos, até as vésperas das eleições presidenciais de 1970, os partidos de centro e de direita estavam certos da vitória.

Cumpre assinalar, contudo, que ali onde as esquerdas marxistas venham a alcançar vitórias, qualquer que seja seu caráter, a implantação de um regime sociopolítico de transição ao socialismo enfrentaria enormes obstáculos porque poria em xeque toda a estrutura de poder vigente, desencadeando um processo político altamente conflitivo. O derrocamento desse novo poder, através de um golpe militar impulsionado de dentro e de fora do país, geraria tensões cujo desenlace seria imprevisível. Sua consolidação, se alcançada, representaria o desafio de desenvolver um novo modelo de socialismo que deveria realizar a reordenação racional da sociedade sob as difíceis condições de enfrentar, internamente, a contrarrevolução e, externamente, o cerco imperialista.

Com a vitória eleitoral de Salvador Allende, a história coloca concretamente estas questões diante das esquerdas. O caráter singular e atípico da estrutura política chilena — mais madura e radical que qualquer outra da América Latina — e sobretudo a orientação mais revolucionária que reformista dos socialistas e comunistas chilenos e o vigor da liderança de Allende abrem perspectivas, neste caso, de constituir e consolidar o primeiro exemplo histórico de transição ao socialismo dentro de um enquadramento parlamentar e pluripartidário.

Embora seja muito arriscado fazer previsões nesta matéria, parece-nos provável que nas décadas de 1970/1980 surjam, em diferentes países da América Latina, tanto regimes configurados segundo o modelo nacionalista-modernizador, como novas repúblicas socialistas. Em ambos os casos, os países que fizerem uma ou outra opção serão hostilizados tanto pelos inimigos internos como pelos Estados Unidos. O caráter e o vigor desse fustigamento serão decisivos para mobilizar as bases de apoio popular ao regime e para radicalizar o próprio governo em sua política interna e externa. Obviamente, a tentativa de instauração de um regime socialista-revolucionário em qualquer nação latino-americana, tendo um efeito infinitamente mais contundente sobre a política hemisférica da América do Norte, correrá maior risco de provocar uma intervenção armada. Sem embargo, é de todo provável que um movimento que cumpra todos os requisitos de vinculação com o povo para desencadear uma revolução social tenha também a capacidade de defendê-la contra ataques externos.

A posição hegemônica da América do Norte no continente e seus imensos interesses — cuja preservação confiou, no passado, às elites patriciais, transferindo-a depois às ditaduras regressivas — converte o governo norte-americano no contendor fundamental das autocracias nacionalistas--modernizadoras, à medida que essas realizem suas potencialidades autonomistas, e, com maiores razões, dos regimes socialistas-revolucionários. É de se prever que, no exercício desse papel de contendor, o governo norte-americano atuará de acordo com cada situação concreta. Em alguns casos, poderá "colaborar" com o governo revolucionário para miná-lo internamente, como fez no caso da revolução boliviana de 1952. Poderá ser obrigado a aceitar a existência de um governo autônomo hostil a suas empresas, como no caso do México de Cárdenas, se o apoio popular interno e a conjuntura internacional em que se der o enfrentamento aconselhem cautela. Poderá tentar uma "contrarrevolução" preventiva, como no caso do Brasil ao tempo de João Goulart, ou empreender uma invasão armada como a ocorrida recentemente na República Dominicana. Poderá, finalmente, utilizar subpotências regionais para provocar guerras locais. Nessas condições, apesar de ser uma alternativa entre muitas, um enfrentamento armado constitui uma possibilidade real que não pode ser descartada. Mas não é uma fatalidade, nem mesmo no caso de governos socialistas.

A flexibilidade tática do governo norte-americano será posta à prova por parte de cada regime de novo tipo que se implante. No caso do socialismo, por razões óbvias, uma vez que conduziria à desapropriação das empresas estrangeiras. No caso do nacionalismo modernizador, porque esse só poderá estancar a sangria de recursos nacionais e a descapitalização, implantando um vigoroso capitalismo de Estado, se enfrentar os interesses das grandes empresas multinacionais.

Uma saída possível nessa eventualidade seria a "nacionalização" do capital estrangeiro ou, ao menos, a parcela dele que cresceu por reinversão e graças a financiamentos nacionais. Convertido em capital nacional pertencente a estrangeiros, ele teria de viver o destino da economia nacional tal como ocorre com os capitais nativos, sem direito de remeter lucros para o exterior.

Mesmo essa saída menos drástica dificilmente seria aceita pelos Estados Unidos — como o demonstrou a tentativa do governo Goulart —, uma vez que afetaria profundamente sua própria configuração de potência imperialista que, no plano econômico, não pode prescindir do contexto latino-americano como área de captação de recursos e, no plano político, como área mínima de dominação indispensável à afirmação de sua hegemonia. Por essas razões, o risco de uma intervenção armada por parte do governo norte-americano se colocará também para os regimes nacionalistas-modernizadores, à medida que estes buscarem uma solução efetiva para seus problemas de desenvolvimento autônomo e continuado.

A atitude da extrema direita e da esquerda reformista frente à eventualidade de uma intervenção armada estrangeira é polarmente oposta. No passado, muitos líderes reformistas formulavam suas diretrizes de ação sob o temor de provocar a guerra civil, sobretudo quando o apoio estadunidense às facções reacionárias internas era tido como certo. Esse temor teve, em muitos casos, efeitos paralisadores, permitindo à reação ganhar a luta sem travá-la. A extrema direita, ao contrário, sempre que se sentiu ameaçada, não titubeou em correr esses mesmos riscos. Contava, para isso, com a fidelidade das forças armadas ao sistema e, principalmente, com o apoio incondicional do sócio norte-americano. Nessas condições, aceitar a luta significava, para a direita, desencadear a repressão e pedir a intervenção externa com a certeza de que esta não seria negada sempre que o inimigo a combater pudesse ser acusado de comunista.

Desde há algum tempo, porém, vem se atenuando o temor das forças renovadoras e das revolucionárias a provocar uma conflagração social e até mesmo a guerra civil, devido ao risco de uma intervenção armada estrangeira. É provável que no futuro suas lideranças encarem essa ameaça como um risco calculado, tanto para elas como para a reação interna e para os Estados Unidos, que terão boas razões, eles também, de temer uma luta cruenta. Desse modo, a internacionalização dos conflitos internos, promovida pela direita, ao chamar os Estados Unidos para exercer o papel de contendor fundamental dos movimentos de renovação, teve o efeito de amadurecer a própria esquerda para a admissão de riscos antes inaceitáveis.

O veto à revolução social na América Latina através da ameaça de intervenção armada norte-americana tende, portanto, a tornar-se uma arma de dois gumes. Uma invasão mudaria tão radicalmente as condições de luta — ao impregná-la de valores patrióticos — que a tornaria mais arriscada para os que a promovessem do que para aqueles que teriam de enfrentá-la. A irrupção de um Vietnã na América Latina — muito mais provável mercê de uma intervenção armada estrangeira do que por ações de guerrilhas — teria efeitos ainda mais catastróficos sobre a sociedade norte-americana que o atual conflito indochinês. Isso porque esta seria uma guerra muito mais imperativa para a defesa do sistema imperialista e, sendo travada mais perto, reavivaria as forças que combatem contra a guerra na própria América do Norte e por uma reordenação social interna. Uma guerra desse caráter abriria um ciclo de comoções tão violentas nas relações entre os povos americanos e no interior dos próprios Estados Unidos que poderiam produzir um colapso de todo o sistema.

A oposição entre a América Rica e as Américas Pobres vai adquirindo, como se vê, uma nova dimensão, ao obrigá-las a viver dramaticamente seus papéis de alternos no âmbito de um processo civilizatório que ativa, em todo o mundo, tanto os povos subdesenvolvidos quanto as minorias oprimidas das nações prósperas.

Tal como no século passado, quando as forças renovadoras desencadeadas pela Revolução Industrial impulsionaram as lutas de Independência, uma nova revolução tecnológica — a termonuclear — está desencadeando, em nossos dias, um novo processo civilizatório que percorre a América e o mundo. Sob as estruturas de dominação tradicional, onde quer que elas existam e qualquer que seja a sua forma, emergem as forças renovadoras. Cada qual tem sua própria causa, mas todas são identificáveis como agentes do processo civilizatório que está gerando a futura civilização. O negro que combate a discriminação e a opressão racial nos Estados Unidos e na África do Sul; o vietnamita que enfrenta o mais poderoso exército do mundo e o vence; o revolucionário que luta em qualquer parte da América Latina — são todos uma mesma força. E o que enfrentam é a força oposta. Ambas aglutinadas como representações de duas atitudes históricas: a que quer reter o passado e a que precisa construir o futuro.

No bojo deste novo processo civilizatório, a América Latina volta a tempos bolivarianos. Novamente são chamadas à cena as tensões estruturais antioligárquicas e anticoloniais que espocaram tantas vezes em guerras de emancipação e em sublevações milenaristas de escravos, de índios e de camponeses. Agora, porém, não para serem desencadeadas e logo coactadas por ação de seus próprios aliciadores, como ocorreu após a Independência. Isso porque a tarefa das forças revolucionárias foi afinal definida: é a da conquista do poder político por vanguardas socialistas capazes de reestruturar toda a ordem social, de erradicar as constrições econômicas representadas pelos interesses oligárquicos e imperialistas, de liquidar o despotismo do velho patriciado civil e militar para, deste modo, pôr fim aos fatores causais do atraso que pesa há séculos sobre os povos latino-americanos.

Uma vez alcançados esses requisitos políticos prévios, se tornará possível superar o enquadramento de dependência imposto pela atualização histórica que eterniza o subdesenvolvimento e orientar os povos latino-americanos para o desenvolvimento autônomo e continuado.

Paradoxalmente, a conquista destas bases institucionais para a superação do atraso das Américas Pobres representará, também, um passo decisivo para que as Américas Ricas possam superar os seus traumas e organizar-se como uma estrutura efetivamente democrática. Integradas no mesmo contexto interativo, as nações desenvolvidas e subdesenvolvidas da América são componentes de uma mesma estrutura, são contrapartes de uma mesma polaridade. Isso significa que, por seu funcionamento espontâneo, reproduzem a si mesmas guardando sempre suas características de estruturas assimétricas e complementares de um mesmo sistema. Mas significa, também, que a existência do polo do subdesenvolvimento só é necessária, no contexto total, para preservar e perpetuar os privilégios do polo oposto. Assim, o rompimento dessa cadeia corresponde naturalmente aos interesses dos deserdados do sistema; mas sua vitória na luta contra o atraso terá como consequência destruir o contexto total e transfigurar seus dois componentes.

“O abominável homem novo” (*circa* 1972)

Não é tarefa simples datar esse texto. Trata-se das respostas de Darcy Ribeiro a um questionário enviado por Sergio Zavoli a diversos intelectuais, indagando sobre como seria o homem do futuro. Zavoli, renomado jornalista italiano católico e de esquerda que presidiu a Radiotelevisione Italiana (RAI) e foi senador, utilizou trechos das respostas em seu livro *In nome del figlio* [Em nome do filho] (1972). No entanto, o texto completo só foi publicado mais tarde, na coletânea de ensaios intitulada *Sobre o óbvio* (1979), e, em espanhol, em *Indianidades y venutopías* (1988). Nessas publicações, não se informa explicitamente sua origem: apenas que são respostas enviadas "a um jornalista italiano".

Portanto, é de se supor que "O abominável homem novo", como ficou conhecido, foi escrito e enviado a Zavoli em 1972, ou pouco antes. Trata-se de uma reflexão feita "como quem pensa em voz alta", que antecipa elementos que vão aparecer logo depois no artigo "Venutopias" (1973), marco de inflexão no pensamento de Darcy Ribeiro. Há um fascínio e um temor em relação a esse homem do futuro projetado no texto. É um homem transumano, condenado a explorar as possibilidades químico-espirituais oferecidas pelas drogas. Temos aqui uma reflexão que coloca em suspenso a teleologia da história e a revolução como necessidade e certeza histórica, que atravessavam os textos publicados anteriormente.

Tenho em mãos seu questionário ambicioso. Vou respondê-lo como quem pensa em voz alta. Mais a propósito de suas perguntas do que a elas propriamente.

Civilização e barbárie

Você quer saber se suas indagações sobre o destino humano seriam significativas para qualquer homem. Inclusive para um membro hipotético de uma tribo da Amazônia. Não. Provavelmente não. Aquele amazonense tribal está enjaulado em sua cultura e só vê e só entende o que ela lhe permite ver e entender. Nós também estamos enjaulados em nossas culturas e só percebemos aquilo que elas elaboram previamente para nós como inteligível. Seria necessário um denominador comum para que pudéssemos dialogar com ele. Mas seria indispensável, também, toda uma racionalidade comum.

O denominador comum existe. É vastíssimo. Começa com nossa herança físico-biológica de seres vivos, zoológicos, vivíparos (não botamos ovos), mamíferos primatas, onívoros (pastamos e trinchamos), bípedes *erectus* (a dor ciática é nostalgia da posição quadrúpede); quase desprovidos de pelos (exceto vocês europeus, que são bastante peludos), capazes de atividade sexual continuada [...] e não sujeitos a cio. Isto para começar, porque há muita coisa mais.

Além desse substrato físico, temos em comum com aquele indígena hipotético muito mais do que pensamos. Ele é um homem integral, ainda que não terminal. Pensa e fala com uma linguagem tão boa, ou tão má, como a nossa. Sente e reage na maioria das situações como nós, tendo por base um psiquismo essencialmente idêntico. É capaz de amor e até de amores depravados, de ódios furiosos, da ternura mais dengosa, de ciúmes atrozes, de medos aterradores, de riso alegre, de vil tristeza, de pudor, de orgulho e de mil sentimentos mais em gamas sensibilíssimas.

Mas sua racionalidade não é a nossa. Eles jamais entenderiam nossas motivações de lucro e cobiça ou nossa propensão à violência gratuita. Nossa racionalidade será racional? Ou eles são irracionais? Nada disso. O que ocorre é que nossas mentalidades refletem experiências muito diferentes. E também inexperiências díspares. O certo é que, em sua inocência, eles guardam um frescor intelectual, uma curiosidade viva que nós perdemos há muito nos desvãos da evolução. Isso é o que faz um índio qualquer tão capaz de curiosidade como um intelectual romano. Quer dizer, um homem muito mais curioso do que um camponês italiano ou um operário francês. Esses dois últimos protótipos do humano são produtos de uma sequência milenar de vicissitudes que os conformaram, especializaram e mediocrizaram em relação ao nosso selvagem. Refiro-me à estratificação social e aos seus efeitos sobre a consciência.

Expliquemos: a cultura de nossas sociedades, como o símile conceitual do mundo com base no qual produzimos nossas condições de existência, se divide em múltiplas configurações correspondentes aos grupos de estratificação. Assim é que há uma subcultura camponesa — ou mais de uma —, outras citadinas e nessas uma popular folclórica, outra erudita dos letrados. Você existe dentro desta última: fala a sua linguagem e vê os problemas a partir da perspectiva que ela lhe dá. O camponês e o operário estão imersos em outros caldos, cujo gosto jamais provaremos nem você nem eu. Entretanto, um e outro sabem de nossa existência e percebem certa relação de mutualidade conosco e com toda a classe de letrados. Principalmente com os que dominam o saber médico, a engenharia e outros dos quais eles pouco sabem, mas cujos resultados veem e valorizam. Nosso selvagem, não sabendo nada disso, atua como quem se considera a si mesmo como um homem perfeito, completo e acabado. Capaz de tudo entender.

Vivendo durante anos com índios, com camponeses e com operários, ouvi dos primeiros mais perguntas — e perguntas mais inteligentes — e percebi neles muito mais fantasia e curiosidade manifesta. Repito sempre que em cada aldeia indígena isolada que visitei fui logo objeto de longos interrogatórios e não raramente de exames e perquirições físicas, por índios que buscavam definir minhas características antropomórficas. Sobretudo as que mais contrastavam com as deles. Tive também que responder a mil perguntas complicadas. Eles queriam saber, aparentemente, se nossos avós, em algum tempo e em algum lugar, tinham se encontrado e quais obras tinham feito juntos. Analisando depois suas perguntas, verifiquei que eles queriam saber é se os ancestrais míticos aos quais atribuem a criação dos homens, das florestas, das pedras e das estrelas eram conhecidos nossos. Indagavam também sobre a origem do ferro, do sal, dos fósforos, tudo querem do saber a respeito. Outra pergunta que fazem quando ganham intimidade é: por que vocês se afligem tanto, trabalhando sem descanso, como se as árvores fossem deixar de dar frutos?

Dificilmente um camponês ou um operário e menos ainda um burguês perguntaria coisas dessas. Eles supõem simplesmente que essas sejam questões óbvias ou sem importância. No máximo aconselhariam: pergunte ao doutor. Na verdade, não querem esquentar a cabeça. Acham que tudo isso é muito complicado e que não cabe a eles entender tais coisas. Sabem que são homens parciais, com domínios específicos de um saber demasiadamente vasto para que qualquer pessoa o abarque inteiro. E estão conformados.

Tudo isso significa, por um lado, que entre aquele selvagem e nós a distância não é tão grande. Eles estão naquela posição histórica em que vocês romanos estavam há uns dez mil anos quando aprenderam a plantar roças. Temos de comum todo o passado anterior de formação do substrato cultural humano construído no decorrer de centenas de milhares, talvez um milhão de anos. Esse é o nosso denominador comum. Como se vê, o que temos de diferente são as últimas instâncias de uma longuíssima evolução comum que há uns seis mil anos nos separou, quando algumas sociedades se bipartiram em componentes rurais e urbanos inaugurando a história das lutas de classes.

Sermões aos índios

Assim é que, apesar de ter dito que as suas perguntas não eram inteligíveis nem significativas para o nosso selvagem, devo retificar. Não é bem assim. Você teria neles, provavelmente, um auditório atento e inteligente se lhes colocasse os problemas com toda clareza.

Imaginemos este diálogo. Você diria, por exemplo:

— Olha, cunhado, eu estou aflito, quero um conselho. Sei que as roças continuarão dando boas colheitas. Sei também que vai continuar havendo caça e peixe para nossos filhos e netos, assim como houve para nossos avós. Mas estou com medo. Minha gente, lá de fora do mato, aumentou muito e está confusa. Aprendemos recentemente que podemos cruzar com todas as raças e estamos nos mestiçando e reproduzindo rapidamente. Mas não sabemos o que sucederá com os homens, sobretudo os mestiços, que se multiplicam tão prodigiosamente. Progredimos muito; para produzir não dependemos mais da força muscular como vocês; temos poderosas fontes de energia, máquinas e instrumentos capazes de fazer tudo. Mas elas aumentam tanto que nos assustam. Aparentemente já são as máquinas que mandam em nós. Não pense que elas tenham vontade própria, que nos agridam ou mordam. Nada disso! São coisas mortas, assim como seu arco e flecha, que não podem sair sozinhos para caçar. Mas são muitas e geram uma prosperidade que, não sendo generalizável, fica concentrada em poucas mãos. O pior é que elas têm seu próprio ritmo e nos obrigam a trabalhar num compasso que, não sendo o nosso, nos cansa muito.

Continue explicando suas angústias e perplexidades. Conte que, há alguns poucos milênios, certas sociedades se dividiram em classes e que desde então a guerra se faz mais dentro que fora da tribo. Diga que, simultaneamente, as tribos se fundiram em grandes unidades político-territoriais e que estas também começaram a expandir-se e a lutar. Não em combates regulados como as guerras entre uma tribo e outra, mas em guerras inverossímeis, sem causa inteligível e sem heroísmo. Confesse que nossa técnica guerreira já é tão eficiente que a ela nem as árvores sobrevivem.

Explique ao nosso selvagem — com a necessária cautela — que você se encontra ali, na aldeia dele, conversando, porque aqueles movimentos de expansão vão alcançar logo a sua tribo perdida na selva. Acrescente que, então, ele e sua gente serão fatalmente conscritos ao sistema mundial de produção para produzirem o que não consomem, a fim de trocar pelo que não produzem nem necessitam. Mas hão de necessitar.

Caso você consiga explicar tudo isso, admita que, talvez, não tenha valido a pena tanto esforço civilizatório. Mas diga logo que você não tem culpa nenhuma. Dê a entender que essas coisas decorrem de outras coisas feitas e decididas há muito tempo por forças que ninguém pôde controlar. Console nosso índio dizendo que tudo isso é inevitável. Diga que talvez o inevitável seja o melhor, uma vez que, inexoravelmente, a civilização os alcançará para civilizá-los. Deixe claro que a concatenação histórica que nos produziu como fruto e semente da principal linha da evolução humana não tinha propósito nenhum. Era tão somente uma das linhas de conduta possível. Tanto êxito teve que deu precedência às sociedades que se enveredaram por elas, ainda que a contragosto. Explique que, não podendo desfazer o passado, o mais fácil é continuar trotando no mesmo rumo. Para quê? Para nada. Confesse que viemos nos fazendo e refazendo até alcançar nossas preciosas e avançadíssimas formas presentes, sem plano algum. Sem objetivo algum.

Homens ersatz

Supondo que isso esteja ficando desinteressante para nosso selvagem, continuemos, nós dois, o diálogo que você propôs. Que dizer de sua preocupação com os homens do futuro e com o futuro dos homens? Todas as nossas perplexidades referidas a homens projetados de futuros incertos, longínquos e apenas verossímeis, têm como nó a percepção, finalmente alcançada, de que a civilização está entrando em um novo ciclo. São reflexos da descoberta de que estamos situados num novo ponto de flexão da história humana. A partir de nós e de agora, os homens armados de poderes totais tanto de destruição de toda a vida, como de produção prodigiosa de tudo que se queira, estão condenados a usar estes poderes para se refazerem a si mesmos segundo um projeto intencional. Acabou-se o tempo da inocência. É já impossível seguir adiante sem um projeto intencional, vivendo ao puro arbítrio da sorte e do azar. Estamos desafiados a formular um projeto intencional de nós mesmos. Essa inquietação é que vibra atrás de suas perguntas. Já não podendo ser o produto residual, azaroso, do entrechoque de forças incontroladas dentro das linhas da tradição, nós teremos de ser, de agora em diante, criaturas de nós mesmos, produtos lucidamente buscados, cientificamente construídos em cada detalhe, desde a forma físico-biológica que será aprimorada até os graus e tipos de inteligência que serão programados e talvez também até as predisposições espirituais e morais que serão orientadas segundo valores induzidos.

O que mais me inquieta é que este seu homem ersatz, que talvez esteja no nosso futuro, será abominável aos olhos de qualquer homem natural, destes que se veem a si próprios como criaturas de um deus perfeito e até mesmo, quando ambiciosos, como réplicas de Deus. O seu homem novo almoçará e jantará a comida que os serviços centrais de inteligência escolherão para ele. Amará a pátria que inventarem para ele. Terá os sentimentos auridos das cargas postas em suas baterias emocionais. O mesmo sucederá com as mulheres ou os homens que ele amará e com os filhos e os pais e tudo o mais. Tudo será completa e detalhadamente prescrito para ser uniforme e perfeito. O velho homem, superando o Criador, criará a nova forma que modelará os homens novos.

Mas esse não é um problema meu. O longínquo e abominável homem novo, filho de nossos netos, de fato não me importa nem me preocupa. Exceto, talvez, no sentido de que o estamos fabricando agora, com as opções que fazemos cada dia e que o conformam, a seu pesar. Mas não apesar de nós, nem por virtudes ou vontade nossa, porque essas opções, ainda que irrefletidas, nos pertencem. Nós as exercemos. Entre elas, a terrível opção de escolher — e como fugir dessa escolha? — entre sermos e permanecermos produtos do azar ou nos convertermos em frutos de uma racionalidade arquitetônica. O azar nos fez o que fomos e o que somos: seres de culturas e de civilizações canônicas, fundadas na tradição, capazes de criar modelos e estilos com a solidez aparente das coisas naturais. A planificação e a escolha rigorosa de eugenia, a racionalidade da engenharia social, a frieza da biologia genética, produzirão o homem novo, não canônico, mas programado, prescrito. E ele nos assusta.

Humanismo e chinesice

Em várias perguntas você fala do humanismo ocidental. Que é isso, meu amigo romano? Que é isso para mim, mestiço brasileiro?

Para o europeu é um discurso que, partindo, segundo o gosto, das tradições greco-romanas ou do cristianismo primitivo, traça uma linha de hipotética continuidade histórica que ao longo dos milênios iria garantindo a preservação de certos valores espirituais. Mas esse é um discurso verdadeiro? Ou é apenas um autoelogio, uma alegação vaidosa?

São os europeus atuais netos dos gregos ou seus netos são os árabes dos quais eles receberam a herança helênica? Os valores judaico-cristãos, uma vez encarnados pelos europeus, representaram, acaso, a realização prática do Sermão da Montanha? Ou serviram principalmente para inspirar movimentos expansionistas e cruzados como todos os que dilaceraram povos, cristianizando, ocidentalizando, europeizando a vastidão do mundo?

Pode ser que alguma outra civilização — a romana das arenas, por exemplo — tenha sido mais hostil ao homem, mais cruel e mais capaz de animalizá-lo ou de coisificá-lo do que a chamada civilização-ocidental-europeia-e-cristã. Mas ela tem grandes títulos para disputar o primeiro lugar. Em seu ciclo agrário-mercantil, trasladou cem milhões de negros da África para outros mundos, como o carvão que se queimou no sistema produtivo internacional durante séculos. Simultaneamente, conscreveu, escravizou e queimou outros cem milhões de indígenas americanos e de outros povos de além-mar, apodrecidos pelas enfermidades levadas pelo homem branco, chacinados em suas guerras de conquistas ou desgastados no trabalho escravo. Depois, em outro movimento, esta mesma civilização cristã converteu os próprios europeus — cerca de sessenta milhões — em gado humano, também exportado para ultramar como mão de obra excedente e barata. O efeito desse fenômeno foi modelar imensos mundos extraeuropeus onde a europeidade se multiplicou prodigiosamente em unidades nacionais muito mais amplas e uniformes que suas matrizes. Os espanhóis, que jamais unificaram linguisticamente a Península Ibérica, plasmaram uma imensa hispanidade americana. Os ingleses, que nunca puderam integrar os povos das ilhas britânicas, construíram um mundo neobritânico, uniformemente inglês, em vastas regiões da Terra.

Nossos próprios avós portugueses, tão escassos de gentes, tanto e tão bem se multiplicaram em ventres de índias e de negras que construíram no Brasil a maior das nações neolatinas em tonelagem humana. Apesar de usar ladrilhos raciais tão díspares e de gastar gente num desperdício gigantesco, atuando como fecundadores prodigiosos, os conquistadores europeus criaram vastos mundos uniformes, multiplicando subeuropas nos continentes que colonizaram.

O importante, porém, é lembrar que o europeu viveu esse papel demiúrgico como agente e paciente. Foi protagonista e vítima de um processo civilizatório mais referente ao humano que a ele próprio. Nele e através dele, era o homem que dominava as técnicas da navegação oceânica e das armas de fogo que permitiam edificar a primeira civilização mundial. Depois, num segundo ciclo, reativando seu *élan* com a energia do vapor, do petróleo e da eletricidade, expandiram mais ainda sua dominação imperial. Agora, armados com a energia termonuclear, os plásticos, os raios laser etc., ameaçariam por si próprios e por suas criaturas ultramarinas — sobretudo as neobritânicas — europeizar a humanidade inteira.

Cada uma dessas conquistas era um acréscimo de poder humano de exercer controle sobre a natureza. Mas era, ao mesmo tempo, uma vicissitude a que se submetia a própria natureza humana, empobrecida e apequenada. A um olhar ingênuo, esses passos evolutivos foram façanhas europeias. A um olhar mais crítico, eles comparecem como explorações bem-sucedidas de algumas das limitadas possibilidades de ação sobre a natureza que se abrem aos homens. O importante é que, ao ocorrer na Europa, elas permitiram europeizar o mundo, dando aos europeus a impressão de que eles eram os agentes e não os pacientes da história. Isso lhes permitiu colorir o mundo com suas cores étnicas e linguísticas, induzindo todos a pensar que a civilização era uma façanha do homem branco, europeu, ocidental e cristão. Uma façanha de sua criatividade, brotada nos últimos séculos, depois de milênios de mediocridade.

De repente, porém, descobrimos que a eletricidade e a gasolina não são europeias, nem ocidentais, nem cristãs. Percebemos que durante demasiado tempo viemos confundindo alhos com bugalhos. Os chineses, que hoje em dia incorporam esses elementos à sua cultura tecnificando-a, também se transfiguram, mas já o fazendo a partir de sua própria tradição preservam seu perfil étnico-cultural. É certo que desse modo se aproximam dos povos que percorreram antes o mesmo caminho, na medida em que se armam com os mesmos instrumentos produtivos, que experimentam os efeitos socioestruturais da adoção das novas técnicas, que se capacitam a enunciar o mesmo discurso sobre a natureza das coisas, e até mesmo a encarnar as mesmas utopias de autorreconstrução social. Porém, essa difusão tecnológica-produtiva, socioinstitucional e neoideológica não se processa já como um movimento de expansão da europeidade equivalente aos que conformaram os proletariados externos das nações europeias, hoje reunidos no chamado Terceiro Mundo. Processa-se, agora, no caso dos chineses, algo como um esforço de reconquista do comando do seu próprio destino para promover o desenvolvimento autônomo de suas potencialidades. Deste modo, ainda que os uniformize com respeito a outras sociedades que experimentaram antes as mesmas vicissitudes, se preservam suas características distintivas; evita-se a degradação que acompanhou as expansões coloniais e se põe fim à europeização compulsória. Percebemos agora que ela não decorria do progresso tecnológico, e de sua difusão, mas sim da circunstância de que, junto com cada inovação tecnológica e cultural, se impunham formas constritivas de ordenação social e componentes ideológicos espúrios.

Os povos americanos e africanos atingidos anteriormente pelos movimentos expansionistas europeus viram, primeiro, como os servos de Deus que desceram das naus os escravizavam por amor à pecúnia. Depois, como os empresários, desembarcados dos navios como promotores do progresso, destruíram suas antigas formas de subsistência e de prosperidade generalizada, para em lugar dela implantar a prosperidade prodigiosa de uns poucos em meio à pobreza geral.

Além de saqueados, escravizados e espoliados no plano material, fomos corroídos no plano espiritual ao ter introjetada no nosso espírito a ideia de nossa inferioridade intrínseca e inclusive de nossa fealdade inata, em comparação com o homem branco. Assim, aprendemos a rechaçar nossa própria figura como indigna, a repudiar nossos estilos de vida como bárbaros, a depreciar nossas tradições como abjetas, heréticas e até desumanas.

O mais desastroso é que essa doutrina alienadora não se exercia só sobre os letrados, mas sobre toda a população. Encontrei indígenas catequizados, que me contaram histórias bíblicas, como a da Arca de Noé, quando lhes perguntava sobre os mitos de seus antepassados. Um deles estava tão fervorosamente convertido que acreditava ser, ele mesmo, o novo profeta, o novo messias destinado a salvar o homem do pecado e da iniquidade. Conheci outro, tão amargurado por todas essas vicissitudes representadas pela chegada do homem branco, que se deitou um dia na rede, decidido a morrer. E morreu mesmo, por pura falta do desejo de viver a vida que a civilização lhe houvera imposto.

Eras futuras

Pode ocorrer que seu longínquo e abominável homem novo ou projetado para o próximo milênio também morra da mesma doença que matou aquele índio: de fastio. Mas, até lá, haverá seguramente muito que fazer. Tanto que se poderá dar ainda a algumas gerações um sentido de missão que as dignificará aos seus próprios olhos e as salvará para si mesmas. Depois desse tempo — a Era da Grande Tarefa — é provável que somente as drogas, com suas assombrosas possibilidades químico-espirituais de felicidade ersatz, possam consolar os homens futuros do fastio diante da vida que se abrirá à sua frente. Mas isso é outra história. A história de uma Era da qual nada sabemos.

A Era da Grande Tarefa humana é esse tempo-ponte entre o homem residual, histórico-natural de hoje, e o homem-projetado, criatura de si próprio, que mal adivinhamos. A tarefa desta Era é superar as distâncias abismais que separam os homens por suas condições materiais de existência. Para tanto, será necessário primeiro refazer as formas de intercâmbio internacional deste nosso mundo em que são os povos pobres que custeiam a prosperidade dos povos ricos. Simultaneamente teremos de aprender a fundar as formas superiores de convivência humana dentro de cada sociedade, na fraternidade e não mais na caridade. Como esse refazimento não pode se processar a frio, nossa tarefa política será a de acender nos povos um *élan* combativo, um sentimento de sua própria dignidade e um orgulho de si mesmos tal como eles são exercidos, hoje, para pasmo de todos os homens, pelos vietnamitas.

Gosto de pensar, hegelianamente, que essa tarefa histórica é nossa — dos subdesenvolvidos —, porque cabe a nós o privilégio de combatentes da liberdade, do desenvolvimento uniforme e igualitário para todos os homens. Mas também porque, falando marxianamente, a vitória dos oprimidos será a libertação de todos, inclusive dos opressores.

Nossos homens novos

Mas não é bem assim. Uma onda de rebeldia convulsiona em escala mundial todas as sociedades, despertando multidões de insubmissos que protestam e se insurgem, tanto nos países pobres como nos países ricos. É a história mobilizando seu exército de milhões de descontentes com o mundo tal qual é. Ela conscreve os que se preparam e se instrumentam para refazê-lo. Estes são os nossos homens novos, os que, combatendo de mil modos e em toda parte, criam o Mundo Novo. Seus antagonistas são quantos querem congelar a história. Seus companheiros, nossos camaradas, são os insurgentes de todas as classes e cores. A própria luta enquanto se trava dignifica a vida de milhões.

A reedificação do mundo abrirá, por sua vez, enormes possibilidades para todos. Imagine as promessas de alegria existencial que se poderia abrir a quantos jovens nórdicos que se graduassem em medicina, ou no que quer que seja, aprendendo simultaneamente a língua banto ou o quéchua, para construir e viver na África ou nas Américas vidas que valham a pena. Penso na redenção que representaria para milhões de netos de Lênin, que engordam e esperam a guerra do fim do mundo, a reativação do afã revolucionário em vidas de mestre-escola ou de profissionais na Índia ou no Paraguai. Haverá oportunidade melhor de dignificar a vida de tantos milhões de jovens, instruídos, bem nutridos e desenganados que vegetam nos países ricos, sem tarefa e sem missão? Seria talvez a única forma de salvá-los. Entenda bem. Eles não estariam dando nada a ninguém por generosidade. Simplesmente, teriam encontrado um sentido para suas vidas insossas, um destino mais alto inclusive do que qualquer um dos que, no passado, incandesceram os peitos dos homens induzindo-os a se queimarem por amor a um ideal.

Para além dessa Era da Grande Tarefa eu só vislumbro o tempo obscuro do homem novo de que você me fala. Na verdade, um homem sem causa e sem virtudes. Ou, mais precisamente, sem nossas causas e sem nossas virtudes. Com efeito, o que será da caridade no reino da abundância? Ou da humildade no tempo da igualdade? Que será da continência e da temperança para homens construídos racionalmente com os instintos dominados e os desejos apenas espicaçados para serem logo atendidos por uma arte sofisticada? Que será da resignação e da modéstia e da cordura quando a pobreza tiver se tornado obsoleta? Quando a ostentação for supérflua e a opressão impraticável? Que será da fidelidade, da lealdade e da coragem quando os valores forem intencionalmente induzidos e seu cumprimento uma simples questão de eficácia dos indutores?

Quais serão as causas dos filhos dos nossos netos?

Eras e vacas

Penso às vezes que a história pode ser dividida em dois tipos de eras: as eras das vacas magras e as eras das vacas gordas. A Roma Imperial foi um tempo de vacas magras que aos milhões se queimavam heroicamente pelos césares. A Idade Média foi principalmente um tempo de vacas gordas em que gerações de homens pastaram e baliram tranquilos sem serem chamados a qualquer façanha heroica.

Nosso tempo ameaça ser, para os povos que se adiantaram tecnologicamente, uma era de vacas gordas, pastoreadas por patrícios e pastores que tudo lhes darão no material e até lhes ditarão os desejos mais íntimos. Serão, talvez, vacas felizes, desobrigadas de trabalhar duramente e liberadas das disciplinas impostas pelo cansaço. Mas não saberão o que fazer nem por que lutar. Serão frouxas, porque desarmadas de qualquer espírito criativo, generosidade ou rebeldia, estarão deserdadas até mesmo da ousadia de projetar e lutar por utopias. Perderiam por fim, inclusive, os gostos mais simples, como o de exercitar o corpo e a inteligência. A essas vacas obesas e ébrias, só restará deitar-se para morrer de fastio e desengano.

Isso é o que poderá suceder na falta de um projeto de condução racional da história, capaz de incandescer as gerações presentes, convertendo-as em edificadoras do mundo novo. A meu juízo, a única garantia de que isso não venha a suceder é a existência multitudinária dos povos vacas magras que, com sua luta, darão gosto, tom e sentido à vida. Luta a que estamos condenados pela necessidade de nos libertar dos que nos impedem, hoje, de comandar nosso próprio destino a fim de prosperar para nós mesmos. Luta que encarnará em nós a missão humana de repensar o mundo como projeto e de refazê-lo como utopia pela qual valha a pena queimar a vida.

Somos os que serão

Sua última pergunta, meu caro romano, parece um lamento. "Estou tentando, neste questionário, alcançar alguma luz sobre a possibilidade que acaso exista do homem se salvar.

Porém sou um europeu. Esse interrogatório e sua urgência, talvez... etc.".

Eu não sou um europeu, felizmente. Sou esta estranha coisa perplexa que o europeu desgarrado da Europa gerou, mesclando-se com indígenas e negros, e que ainda está em busca de sua própria identidade e de seu destino. Por séculos e séculos não tivemos cultura própria nem humanidade. Éramos sociedades-feitorias nas quais se gastavam homens para produzir açúcar ou ouro ou café. Contra os desígnios do colonizador, inesperadamente, o sistema destinado a produzir mercadorias e, através delas, riquezas e lucros exportáveis acabou produzindo uma humanidade de gente mestiça que nascia nas fazendas e minas, mas que um dia começou a organizar-se em nações que procuravam definir suas próprias culturas. Não eram culturas autenticamente suas. Constituíam meros transplantes espúrios da cultura do colonizador destinadas mais a explicar, a justificar e a eternizar a colonização e a dependência do que a permitir qualquer afirmação espiritual autônoma. Também não eram nações independentes. Eram meras dependências neocoloniais subdesenvolvidas, que, por mais que progredissem, apenas progrediam no seu próprio subdesenvolvimento e dependência.

Onde e quando a prosperidade foi suficiente, eles edificaram templos e palácios, conformados nos únicos estilos que podiam ter — os herdados da Europa. Mais tarde, compuseram literaturas, também elas calcadas em modelos europeus. Mais tarde ainda, elaboraram ensaios, redigidos na base do saber importado como a melhor ciência europeia. Com eles aprendemos que nós, com nossas raças inferiores, com nossos climas insalubres, com nossa preguiça inata, somos inaptos para o progresso.

Foi muito difícil enfrentar, além da opressão imperialista externa, além da compreensão conivente das nossas classes dominantes, compostas de testas de ferro de interesses estrangeiros, esta conspiração, urdida dentro do nosso próprio espírito, para nos manter enredados na dominação. Só nos últimos anos começamos a perceber que nosso atraso não é natural nem necessário, mas induzido. Que somos o produto que poderia dar o projeto de prosperidade de uma estritíssima classe dominante subordinada, dentro de um sistema mundial de dominação colonial.

Essa descoberta nos dá uma grande alegria. Nossos povos morenos, nossos países ensolarados se revelam de repente, para nós, como a gente melhor e como a província mais privilegiada da Terra, para aqui reedificar o humano.

O panorama ainda é feio. Forças internas e externas mancomunadas perseguem, violentam, torturam, censuram e trucidam aos melhores e aos mais lúcidos de nós. Mas continuamos combatendo e na luta encontramos a substância e a identidade que buscávamos. Somos hoje os povos que se armam com projetos de si mesmos, como povos que querem existir para si próprios. Somos os que faremos as revoluções postergadas. Somos os que cremos e atuamos. Somos os que não temos passado. Temos futuro.

O homem projetado de que você fala e que parece assustá-lo tanto, por ser um homem terminal, acabado e perdido, não existe para nós. Talvez ele seja visível a partir de uma perspectiva romana. Mas esse é um problema do neto do filho que nunca tive. Meu problema é nossa luta boa e generosa daqui e de agora, para criar a vida que pode ser e que vale a pena.

"Venutopias 2003" (1973)

"Venutopias 2003" é um provocativo ensaio elaborado e publicado por Darcy logo depois do golpe de Estado chileno em setembro de 1973, a convite do jornal *El Nacional* de Caracas. Para além da extensa e interessante introdução, que, mais uma vez, em consonância com a intervenção de 1972, aborda a questão da dificuldade de produzir os equivalentes culturais das novas invenções tecnológicas ("o 'novo homem' será um homem programado" é um motivo recorrente), apresenta três utopias para a Venezuela dali a trinta anos. Daí o título: utopias para a Venezuela, com o ano de 2003 como horizonte. O nome da terceira utopia (MAS, sigla do Movimiento al Socialismo venezuelano) assim como a última frase do texto são indicativos da proximidade de Darcy com ideias associadas a mudanças sociais radicais. Surpreendentemente, esta terceira utopia, que é a que Darcy defende, "propõe" para a Venezuela uma "utopia estética" inspirada nos índios Makiritare (ou Ye'kwanas). No entanto, claro, isso não é tudo: há aí mais do que um sentido em jogo. Num movimento altamente dramático, a frase final é uma impressão extraordinária da experiência da "crise do tempo" em nosso autor: "Perdoem-me os que pensam que proponho tão só *remakiritarizar* a Venezuela. Minha imaginação formada nestes duros anos não tem potência para mais. E meu coração esgotado não deseja mais. Viva o MAS".

A única forma de se saber com segurança como será nosso mundo dentro de trinta anos é sobreviver para ver. Eu, felizmente, não terei que fazê-lo. Morrerei em 1983.

2003 será o precário ponto de convergência de nossos múltiplos futuros possíveis que ali se cristalizarão em um destino. Com efeito, aquele futuro, visto desde agora, é o leque de possibilidades que se irá estreitando, ano após ano, segundo as opções que façamos, até reduzir-se ao que será.

Nesse sentido, melhor exercício intelectual que o de imaginar futuros prováveis é especular sobre a maneira pela qual, mediante a tomada de opções estratégicas, podemos comprometer nosso futuro para que se realize dentro das pautas de nossos desejos. Essas serão necessariamente genéricas e lamentavelmente inseguras. Na verdade, cada opção exercida se dissolve em outras menores, embora igualmente capazes de marcar o futuro com seu carimbo; e estas últimas são imprevisíveis e incontroláveis. Por outro lado, sempre podem sobrevir fatalidades que condicionem o futuro mais que todas as nossas presunçosas opções voluntaristas. Tais seriam: cataclismos, como a dissolução da calota polar. Catástrofes históricas, como o desencadeamento de uma guerra nuclear. Surpresas, como o descobrimento de que afinal Deus existe mesmo e que o sobrenatural é natural. Aberrações, como uma quebra repentina da corda ética que sempre vibrou nos homens. Ou calamidades, como a concretização de qualquer das múltiplas ameaças de dominação do mundo por uma ciência cada vez mais informada, cada vez menos sábia e cada vez mais desvairada.

Ainda assim, talvez valha a pena especular sobre o futuro. Melhor ainda, sobre o futuro de uma sociedade concreta, como a Venezuela. Não tanto pelo valor de verossimilhança de nossas antecipações, como por seu interesse como demonstração da factibilidade do futuro que queremos.

Antes de mais nada, porém, quero alinhar e comentar algumas ameaças, ainda mais iminentes do que aquelas fatalidades. Vejo pelo menos cinco delas que são tanto mais penosas porque proviriam de nosso malogro em adotar soluções que se conhecem para velhos problemas bem diagnosticados. Esse será o caso de prevalecer o sistema internacional que espolia os povos pobres e os condena a subsidiar, com sua miséria, a prosperidade dos povos ricos. Os requisitos de repressão necessários para manter esse sistema ameaçam impor a todos os povos regimes de uma rigidez e de uma eficácia despótica sem paralelo na história da iniquidade.

Não menos grave seria um fracasso provocado pela própria eficiência dos processos atuais de exploração dos recursos naturais do mundo. Elevando, por pouco que seja, o desperdício vigente nas sociedades mais avançadas ou generalizando tão somente seus padrões de consumo a outros povos que aspiram a entrar no clube dos ricos, veríamos rapidamente esgotados um sem-número de recursos naturais escassos, a tal ponto que a sobrevivência da civilização estaria ameaçada.

Outra ameaça, resultante desse esbanjamento, seria a representada pelo aumento da poluição das águas, da terra e do ar em escala planetária, que, desequilibrando o precaríssimo esquema da vida sobre o qual existimos, destruiria o nicho do homem no universo.

Impedir e fazer frente a essas maldições capitais é um requisito indispensável para o êxito de qualquer projeto utópico de liberação humana. Isso significa que devemos nos propor, ao mesmo tempo, a tarefa de erradicar as bases da desigualdade e da injustiça — liquidando as estruturas mercantis para desmonopolizar o poder, a riqueza e o saber — e as missões de enfrentar a recrudescência de despotismos inovados, de evitar que se quebrem as bases da existência e, sobretudo, a de precaver-nos para que não se deteriore o gosto de viver.

Trata-se, nada menos, de romper as velhas formas da vida para criar novas, cuidando que estas não surjam contaminadas. Trata-se, como foi dito, de impedir que o passado se reproduza no futuro.

Fazer frente a essas tarefas sem um plano utópico prévio seria dar um salto no desconhecido, aceitar uma aliança com o arbítrio. Nossa tarefa prioritária é, por isso, inquestionavelmente, a de reviver o espírito dos utopistas com ousadia e coragem, enriquecendo-o com a ciência e a teoria revolucionária. Para isso, será necessário desenvolver uma ciência geral do fenômeno humano e da revolução necessária que, além de ser mais operativa e eficaz que as "engenharias físicas", seja uma verdadeira sabedoria da vida, apta para formular e dar sentido a um novo projeto de existência humana e capacitada, assim, a fazer vibrar o coração de cada homem.

O projeto humano

Apesar de sermos o produto residual de muitas fatalidades e de poucas opções desejadas, gostamos de pensar que estamos mais armados que as gerações passadas, tanto para enfrentar o azar como para nos propor futuros desejáveis.

Talvez seja assim. Se o for, isso representa, a um tempo, a maior esperança e a maior ameaça da história humana. Regendo-se ao longo de milênios mais pela casualidade que pela causalidade, a história produziu — ou está por produzir — uma geração que assumirá, por fim, o poder de plasmar-se a si mesma como um projeto.

Essa insólita liberdade é nada menos que tenebrosa. Bem ou mal, as gerações passadas cumpriram o papel de peneirar o arbítrio para deixar sobreviver formas humanas viáveis. Formas que em todas as suas variáveis geraram homens individualmente mais dispostos a viver que a morrer, a gostar que a desgostar. Multidões que nas eras decadentes vegetavam na indolência e nas eras heroicas se imolavam sob o mando de profetas ou de tiranos. Mesmo assim foram construindo, simultaneamente, uma sabedoria das coisas cada vez menos compreensiva e um saber técnico de controle da natureza cada vez mais eficaz, para produzir bens, para sustentar populações crescentes e para incorporar um maior número de povos aos mesmos conjuntos sociais.

Partindo de uma mutualidade tribal chegamos, por esse caminho, à situação presente de uma humanidade tão interatuante como o foram as tribos. Vivemos, na verdade, dentro da supertribo ecumênica e em constante crescimento, um destino comum ditado pela mesma tecnologia, regido pelas mesmas formas básicas de ordenação social e inspirado pelos mesmos corpos de saber ou de crenças que se vão homogeneizando planetariamente.

As faces singulares do humano, tão variadas ontem, vão esmaecendo. Amanhã serão ainda mais uniformes. Mas as tensões dentro da supertribo aumentam como maré montante. São cada vez menos imperativos os velhos procedimentos que produziam homens capazes de amar à tribo, à mulher amada e aos filhos; de crer na fé ancestral e até morrer por ela. E, sobretudo, capazes de encontrar energias em si mesmos para retomar com *élan*, cada manhã, o duro trabalho rotineiro. Ao que parece, estão sendo desmontadas, dentro da máquina humana, molas e engrenagens delicadíssimas a respeito das quais sabemos muito pouco. É cada vez maior o número de personalidades carentes do mínimo de estruturação indispensável para atuar com eficiência e gozo. Talvez seja isso o que mais nos contrasta com nossos ancestrais.

Perdida a velha eficácia das práticas tradicionais para produzir personalidades equilibradas, urge buscar novos procedimentos. Estes serão fatalmente intencionais, construídos... artificiais. Isso significa que serão piores? Não sei. Quem ousaria afirmar que velhos inventos humanos, como a proibição do incesto, as regras de parentesco ou os ideais de virtude, eram intrinsecamente bons? Ou que os complexos de Édipo e de Electra sejam formadores ideais da personalidade? Tendemos a pensar que essas foram conquistas irrisórias comparadas com a medicina, a eletricidade ou a bomba. Não devemos esquecer, entretanto, que aqueles modeladores fundamentais do humano são as ferramentas mais velhas e gastas que usamos. Talvez seja tempo de substituí-las.

De fato, a nova *ars-medica* substituiu exorcismos visivelmente menos eficientes em face da dor e da morte. A eletricidade substituiu músculos animais e humanos como fonte energética. A bomba faz as vezes de punhos, flechas e arcabuzes. E todas essas substituições foram feitas com evidente vantagem. Contudo, urge perguntar: o que é que substituirá os procedimentos tradicionais que conformavam no menino o futuro homem e na menina a mulher? Com que substituiremos o "temor a Deus" e outros temores infundidos na criança para torná-la, mais tarde, submissa à ordem e obediente à autoridade? Como plasmar nas pessoas o sentido de respeito recíproco em que se fundamenta a sociabilidade e a solidariedade? Que instituição dará ao homem o leite do afeto bebido na família que o armava contra tantos medos e o defendia tão bem contra o sentimento de desamparo? Quem proporcionará a fantasia e o sentimento de ternura indispensáveis ao equilíbrio emocional a pessoas formadas em famílias miniaturizadas onde não há lugar para que os velhos se exerçam como avós porque sua função passou a ser agora a de sogros?

Como restituir à humanidade, por fim liberta de velhas repressões e freudianamente reconciliada com sua condição zoológica, a capacidade de amar liricamente?

Programando nossos netos

Nós nos comportamos como se esperássemos que os substitutos de todos aqueles moldes perdidos ressurjam, espontaneamente, para modelar homens cordatos. Não é assim. Algo tem de ser inventado para ser colocado em seu lugar. Os homens do futuro, como os do passado, necessitarão de motivações e peias que possibilitem o convívio cordial e solidário e o ajustamento recíproco de expectativas de conduta que antigamente surgiam, ao que parece, de forma natural e espontânea na quase totalidade das pessoas. Em outras palavras, estamos desafiados a produzir equivalentes socioculturais e até morais de nossos inventos práticos e mecânicos. Ou, mais enfaticamente: estamos condenados a aceitar a necessidade de experimentar com o humano, assumindo os riscos que isso encerra.

Ontem, tratava-se tão somente de fazer experiências ao nível da natureza circundante para descobrir nela princípios e potências que, com astúcia, podiam ser colocados a serviço do homem. Hoje, se trata de refazer o humano, de desmontar e remontar o próprio homem, ator de tantas façanhas, para recarregar suas baterias emocionais gastas a fim de reviabilizar sua capacidade de atuação como agente da história. Mas — cuidado! Os erros do passado, na tentativa de renovar a vida, apenas sacrificaram uma ou umas poucas tribos, demasiado simples ou demasiado ousadas. As restantes sobreviveram e se expandiram. Hoje, um erro conduzirá ao risco de levar ao desastre toda a supertribo, por fim unificada.

Esse risco já é real e pode sobrevir a cada momento. Seja ativamente, através da adoção generalizada de alguma das muitas formas praticáveis de domar as vontades e de conformar as personalidades que estão ao alcance dos governos. Seja passivamente, por abandonar, ao puro acaso, o desenvolvimento das tendências presentes de deterioração das antigas bases morais da vida social. Seja, ainda, desesperadamente, por um erro irreparável no exercício da vontade de refazer intencionalmente o humano. Quer dizer, estamos perdidos: se paramos, o bicho come; se corremos, o bicho pega. A única saída é enfrentá-lo.

Não há razões, contudo, para supor que a humanidade deva fatalmente cair em um erro funesto. Bem pode suceder que se alcance êxito sobre o espírito, como antes se alcançou sobre a matéria. As formas racionalmente buscadas que se revelaram superiores às soluções tradicionais para combater a enfermidade e o trabalho exaustivo também podem sê-lo para refazer o homem. Trata-se, agora, de reconstruir-se como um projeto, a fim de, humanizando-se intencionalmente, criar no homem novo o homem humano.

Em essência, tudo isso significa que estamos desafiados a reinventar o humano e temos que ousá-lo. Pode-se argumentar que nada há de novo nisso, já que muitas vezes os homens ou alguns homens assumiram a responsabilidade de refazer a vida. Mas tratava-se sempre de refazer a vida alheia. Isso é o que todos os conquistadores sempre impuseram aos povos que subjugaram. Mas então se partia de uma regra de ouro que perdemos: a segurança de que nossa verdade era a verdade; nossa beleza, a beleza; nossa justiça, a justiça, e de que fora delas não havia salvação.

Trata-se, agora, de uma experiência totalmente nova: a de refazer a vida a partir de nossas perplexidades e dúvidas e refazê-la para nós mesmos, sabendo que *nós* significa, hoje, toda a humanidade.

O que tento dizer em todo esse longo discurso é tão somente que os netos de nossos netos serão programados. Em outras palavras, serão construídos com as ambições, as emoções e os ascos que alguém escolherá para eles. Assim será, tememos, o homem novo. Um abominável homem novo, se medido com nossos parâmetros. Mas talvez um homem mais livre e criativo que o de qualquer outro tempo. E quem sabe se também prodigiosamente forte e eficaz no que constitui hoje nossa debilidade e inépcia. Isso porque, pela primeira vez, o homem não será o produto necessário de seu passado, a reprodução do seu ser, mas sim o resultado de seu projeto de si mesmo.

Venutopia um: mais para mais

Peço desculpas ao leitor. Bem sei que fui convidado a falar do ano 2003 da Venezuela e da América Latina e devo enfrentar o meu tema. Também acho que meus comentários introdutórios foram desproporcionais. Mas, e o humano? Acaso não estamos também nós, latino-americanos e venezuelanos, imersos na supertribo, vivendo seu destino? Já é tempo, contudo, de olhar em torno de nós e especular como poderá ser nosso contexto quando for pai o neto que ainda não temos.

Nossa tarefa é definir as opções capitais que ajudarão a Venezuela na construção do futuro desejável. Antes disso, porém, devemos esclarecer o que chamamos de desejável e para quem o será. É óbvio que se o senhor diretor de *El Nacional* projetasse para o futuro suas aspirações íntimas, ele só pediria coisas inconfessáveis e, provavelmente, irrelevantes. Não será sua visão, portanto, a que nos servirá de guia. Será talvez a do trabalhador gráfico n. 203 das oficinas de *El Nacional*? Tampouco, provavelmente. Esse trabalhador come bem todos os dias, vive em uma casa habitável, com banheiro e televisão. Vai ao trabalho em um carro usado, é certo, mas capaz de andar. O que projetaria ele, como aspiração, senão ter mais do que já tem? Entre o senhor diretor e o senhor trabalhador existe bastante gente, talvez a quinta parte da população venezuelana. Mas ela não deixa de ser, em todo o caso, uma minoria descartável. Além dela, existem oito milhões de venezuelanos. A estes, os mais, é que cumpre perguntar a que aspiram. É muito provável, lamentavelmente, que eles se contentem com que seu múltiplo do ano 2003 tenha o que os menos têm agora. Especulemos sobre isso.

Os venezuelanos serão então 28 milhões — milhão mais, milhão menos. Para que eles tenham e distribuam entre si bens correspondentes aos consumidos hoje pelos 20% mais ricos da população, serão necessárias verdadeiras façanhas. Entre elas que o PIB salte pelo menos de oito a cinquenta bilhões de dólares a fim de dobrar o PIB *per capita*. Assim sendo, seria indispensável que o petróleo continuasse jorrando exponencialmente e que a ele se somassem novas e prodigiosas fontes de riqueza.

Mas cabe a pergunta: para que tamanho esforço se dele resultaria tão somente generalizar formas de produção e consumo como as que hoje sofrem os venezuelanos e que os alienam?

O cenário ainda está incompleto. Uma visão mais expressiva desse futuro projetivo nos pode ser dada, talvez, pela previsão de que 25 milhões de venezuelanos viverão nas cidades em 2003; sete milhões dos quais concentrados certamente na Caracas superpovoada, que se estenderia do Porto de La Guaira até Valencia. Imaginem os leitores se a cada manhã se servisse um *desjejum* à moda antiga em um milhão e meio de casas para três milhões de homens e mulheres que sairiam para o trabalho em seus respectivos carros? É possível imaginar a montanha de *allacas*[18] e a torrente de café? Ouvem o barulho dos carros? Sentem a fumaceira? Aonde, no tempo, se terá escondido o céu alto e limpo de Caracas com suas pombas sacrificadas ao progresso?

Venutopia dois: mais para menos

É muito provável que os venezuelanos privilegiados de agora e seus sócios norte-americanos aspirem — para manter os céus limpos e salvar as pombas — o congelamento da população venezuelana nos seus dez milhões atuais. Ou, melhor ainda, que se os reduza à metade, mediante o "planejamento familiar", ou a esterilização maciça. Dentro dessas últimas dimensões seria praticável oferecer, amanhã, a cinco ou dez milhões de venezuelanos (porque muito poucos) o que têm e consomem agora pouquíssimos. E com a vantagem adicional de perpetuar o sistema, expandindo relativamente as alegrias de viver que ele proporciona.

18 *Allaca* é um pãozinho feito de milho branco, espécie de comida nacional da Venezuela.

Esse parece ser um projeto desejável. Ponderamos, contudo, que não será fácil aprisionar o porvir dentro de tal estreiteza. Com efeito, a Venezuela é hoje a vitrina latino-americana do capitalismo dependente. Como tal, exibe o que pode dar uma prosperidade petrolífera, prodigiosa, embora não generalizável, a toda a população. Para que aquela Venezuela minimizada do ano seja ditosa, será necessário cumprir vários requisitos. Primeiro, que a Venezuela não se "porto-riquenhize" alegremente como o segundo estado associado dos Estados Unidos, porque toda dependência é incompatível com uma prosperidade generalizável. Segundo, que algum regime reformista adote uma política de participação que possibilite a redistribuição da riqueza.

Suponhamos que se superem todos esses obstáculos. Ainda assim, é de se temer que tanto o congelamento como a redução da população tenham alguns efeitos deploráveis. Por exemplo, em lugar da metade atual de venezuelanos juvenis — constituída de menores de dezoito anos, recuperáveis para si mesmos e para o país — teríamos um predomínio de venezuelanos senis — irrecuperáveis para quem quer que seja. Assim, se perderia algo de alegria turbulenta, do trato informal, do esquerdismo alvoroçado que hoje anima o quadro social venezuelano, embora isso amargure muita gente. Em lugar disso, se instalaria a etiqueta taciturna e a tristeza vil que correspondem à senilidade.

Outro efeito — este talvez meritório — seria socializar ou distribuir os amplos espaços vazios que a Venezuela ocupa na Terra. Efetivamente, numa América Latina com seiscentos milhões de habitantes, dentro de um mundo de sete bilhões predominantemente de "gente de cor", essa disponibilidade generosa de espaços desabitados e incontaminados seria bem acolhida.

Venutopia três: MAS

Especulamos até agora com a hipótese da generalização para os venezuelanos do ano 2003 — sejam eles cinco ou 28 milhões — do que tem e goza hoje a quinta parte da população que vive melhor. Na verdade, os cenários resultantes não são de entusiasmar. Tentemos outro, mais estimulante e fecundo.

Observemos, para começar, que não é nada provável nem desejável que o futuro seja, em qualquer sentido, uma projeção ampliada do presente. Contudo, é provável que certas potencialidades de mudança — pouco perceptíveis agora — se desenvolvam amanhã, gerando situações novas. Algumas delas me agradam, outras não. Entre as que mais me agradam há uma que pode servir de base a fantasias futuristas. Refiro-me à possibilidade de satisfazer carências humanas menos imediatas e essenciais que a alimentação, a moradia, a saúde e a educação. É bem possível que a satisfação de algumas delas possa e deva ser procurada simultaneamente com a luta para atender àquelas carências elementares. Esse seria o caso do profundo desejo humano de uma existência pastoril. Da vontade de beleza que sempre animou os homens e cuja satisfação quase se perdeu para as maiorias. Do afã de reapropriação do saber monopolizado pelos eruditos, por parte do homem comum, enclausurado em seu pobre universo de compreensões vulgares. E da ânsia de felicidade de que falam velhos poetas e todos os ingênuos.

A quimera pastoril era obviamente impossível para o homem posto frente à natureza como camponês ou para quem quer que se perca num matagal, picado por mosquitos. Não o seria amanhã se esse fora o projeto dos venezuelanos. Vejo-os dispersos na imensidade de uma floresta tropical intocada em sua infinita beleza. Vivem nus junto a riachos e lagoas de onde máquinas domesticadas os levam ao trabalho e os trazem ao convívio aprazível.

Para criar nossa utopia estética temos de nos inspirar nos índios. Só eles sabem dar satisfação à vontade de beleza que pulsa em todos os homens. Ela é que alenta o índio makiritare[19] para colocar em cada tarefa que se propõe — trançar uma canastra, modelar um vaso, fazer uma flecha — muito mais esforço que o necessário para obter fins utilitários. O propósito desse esforço adicional é satisfazer no homem esta avidez de perfeição que o dignifica e gratifica. No rigor simétrico do cesto trançado destinado tão só a guardar coisas; no virtuosismo empregado numa panela de cozinhar; na perfeição da flecha feita para caçar, o Makiritare se exprime caligraficamente como criador de beleza. Que fizemos nós do operário que, frente a uma linotipo, compõe com matrizes que outra pessoa desenhou textos que outro escreveu? Ou da tecelã que tece num tear automático um pano programado em seus mínimos detalhes em um cartão da IBM? Ou, se se desejar, do artista condenado a criar obras singulares e únicas dentro dos cânones do estilo em moda apenas para servir a apreciadores-compradores que só desejam apropriar-se de sua obra para nela exibir riqueza e importância? O gráfico, a tecelã e mesmo o artista foram todos espoliados daquela vontade de beleza que, podendo exprimir-se no trabalho diário e nas coisas mais simples, era acessível a todos os homens e a todos dignificava.

Suponho que também essa tendência à mecanização de toda a produção, à estandartização de toda a criação, à especialização alienante em tarefas parciais, pode e deve ser vencida. Vejo, nas casas dos venezuelanos do ano 2003,

19 Os índios makiritare, semiaculturados, vivem no interior da Venezuela.

panelas e cestos, panos e textos que são produto de suas mãos ou que levam marcas tão peremptórias de quem as fez que ali estão para evocar o seu espírito. É de crer que a própria automatização mecânica, em seu limite *extremo, provendo o homem* do essencial, haverá de libertá-lo para o exercício de si mesmo.

A monopolização do saber como instrumento de domínio e precedência social é talvez uma das alienações mais graves de quantas emanaram da estratificação da sociedade em classes. A divisão dos homens em senhores e servos, em camponeses e cidadãos, em qualquer de suas variantes, veio acompanhada da divisão do saber em dois estratos. O saber vulgar que instrui o homem comum para desempenhos correntes e o saber erudito dos letrados, dos profissionais liberais e dos tecnocratas. O humano resultante dessa divisão se dividiu também em sua consciência. Aquele índio makiritare de quem falava está certo do valor de seu saber mítico e seguro de sua capacidade de compreensão, além de estar armado da mais viva curiosidade. Na primeira oportunidade perguntará sobre o "dono" do sal ou sobre o "pai" dos fósforos. Nenhum camponês e nenhum operário ousarão perguntar a respeito disso porque se resignam a saber que "não sabem". Sua inteligência está atrofiada, sua curiosidade amordaçada, sua imaginação adormecida. Poucas dúvidas existem de que essa alienação da consciência também pode e deve ser superada. Para tanto, será indispensável, contudo, que se complete e se supere o processo de estratificação social que teve início há uns poucos milhares de anos, criando-se sociedades sem classes nas quais se suplante o antagonismo senhor-servidor, a oposição rural-urbano e o contraste operário-intelectual. Uma vez atingidas essas superações, se extinguirá o monopólio do poder e, com ele, o privilégio do saber e a degradação da inteligência.

Que dizer da ânsia de felicidade? Ela pressupõe coisas tão sutis e delicadas que melhor seria, talvez, não a incluir por agora em nosso projeto utópico. Além disso, que felicidade adicional querem os venezuelanos do terceiro milênio se eu já lhes dei a existência pastoril pela qual sempre suspiramos e junto a ela lhes devolvi a vontade de beleza, bem como o acesso à sabedoria? Perdoem-me os que pensam que proponho tão só *remakiritarizar* a Venezuela. Minha imaginação formada nestes duros anos não tem potência para mais. E meu coração esgotado não deseja mais. Viva o MAS.

Utopia selvagem (1982)

Darcy escreveu quatro romances. *Maíra* (1976) e *Utopia selvagem* (1982) são elaborações artísticas das experiências do autor com distintos grupos indígenas, com os quais havia convivido na década de 1950, depois de graduar-se antropólogo. Como indicamos no "Estudo preliminar", esses trabalhos não precisam ser contrastados somente com sua obra científica (a penta/hexalogia), mas adicionalmente devem ser inseridos na tradição do romance de tema indígena no Brasil, em particular *Macunaíma*, de Mário de Andrade. Os outros romances de Darcy intitulam-se *O mulo* (1981) e *Migo* (1988).

Utopia selvagem centra-se nas peripécias na selva do tenente Gasparino Carvalhall, que vai mudando de identidade ao longo de sua aventura entre as icamiabas (amazonas) primeiro e entre os índios Galibi ou Kali'na depois. A história é narrada majoritariamente em terceira pessoa (ainda que os personagens, em particular Carvalhall, tomem a palavra com frequência), e são habituais as intervenções do narrador sob a forma de digressões, às vezes extensas, introduzidas com fórmulas do tipo "Aqui entre nós, leitor/a..."; "Falemos sério, leitor/a...".

A primeira linha de "Próspero", título do capítulo selecionado, nos diz que se trata de um interlúdio, uma dessas zonas nas quais a narração se interrompe e o narrador toma a palavra, neste caso por um lapso considerável. É um exercício de futuração, ainda que de um tipo muito particular, uma espécie de distopia catártica, em que se caracteriza a "Utopia Burguesa Multinacional" (UBM). Do ponto de vista da trama, não assume um papel claro: o que ocorreria se fosse omitido ou colocado como apêndice? Seu significado reside, evidentemente, em outro nível: em parte, pode ser uma chave que oferece pistas para compreender o sentido da narração; também, uma usina de desestabilização das certezas do leitor; adicionalmente, uma elaboração artística, atravessada por elementos paródicos, fruto das inquietudes futuristas de Darcy. Seu título é mais uma prova da capacidade do autor de apropriar-se e de ressignificar referências clássicas das culturas brasileira e latino-americana.

Como um contraponto à distopia apresentada em "Próspero", incluímos um fragmento do capítulo "Felicidade senil". Aqui o narrador/Darcy explicita sua utopia "passadista" (que associa ao "verdadeiro comunismo"), de uma forma talvez única em toda sua produção. Nada mais nada menos que a possibilidade de retomar a "convivência índia num reino mecânico e computacional: civilizado".

Próspero

Amigo, amiga, me desculpe, mas tenho outra vez de me intrometer em sua leitura. É verdade que, como sempre, em seu benefício. Agora, para proporcionar informações complementares, quiçá decisivas para o desenvolvimento desta fábula. Reconheço, porém, que este capítulo é meio chato e não me ofendo se você quiser saltá-lo.

Tive acesso a estes dados, por puro acaso, numa feliz viagem ao México. Trata-se de anotações resumidas de um espião da KGB, furtadas por um agente da CIA, que caíram nas mãos de um comandante cubano, o qual, patrioticamente, as emprestou ao meu amigo Pancho Guerra, que mas deu.

Elas retratam o que seriam as Estruturas do Poder e do Gozo dos países da calota de baixo do planeta. Muito provavelmente aplicáveis também ao Brasil, tantas são as referências implícitas ao nosso país que nelas se encontram e que eu desdobrei livremente em prol da clareza.

Como você verá, elas descrevem um sistema binário, tão engenhoso como eficaz, de governo e motivação das pessoas e de administração e incremento das coisas. Sua singularidade reside no que foi estruturado com o objetivo expresso de proporcionar a povos demasiadamente abundantes, mas descarnadamente ineptos para o progresso, um máximo de felicidade pessoal compatível com um ótimo de prosperidade empresarial.

Deste modo, se terá alcançado a Utopia Burguesa Multinacional, sonhada desde há séculos, mas até agora inviável por falta de substrato científico e tecnológico. Nela, Fé e Império se encarnam e se casam para serem gumes do mesmo gládio: o Imperador Impoluto e Próspero Informático.

O documento russo começa com um texto francês que vem a ser o preâmbulo da introdução à Constituição Utópica. Lá se lê:

- A multidão de homens, afinal iguais e semelhantes, gira sem termo com o único fim de satisfazer os singelos e vulgares prazeres com que enchem suas vidas.
- Cada qual vive à parte, alheio ao destino dos demais. Está junto deles, sem vê-los. Toca-os, sem os sentir. Só existe em si e para si mesmo.
- Acima de todos eleva-se um poder preciso e tutelar que se encarrega, sozinho, de garantir seus prazeres e de velar por sua sorte.
- Este poder é Próspero: absoluto, minucioso, regular, previdente e tranquilo. Até pareceria paternalista, se tivesse como objetivo preparar homens para a idade viril; mas não, ao contrário, busca apenas fixá-los irrevogavelmente na inocência.
- Não desgosta a Próspero que os cidadãos gozem, sempre e quando só pensam em gozar. Trabalha com gosto para fazê-los felizes, mas quer ser o único agente, o único árbitro.
- Supre sua segurança. Provê suas necessidades. Facilita seus gozos. Gestiona seus assuntos importantes. Dirige suas indústrias. Regula suas sucessões. Divide suas heranças.
- Ah, se pudesse livrar inteiramente os homens do incômodo de pensar e da dor de viver...

Para concretizar o ideal utópico, o poder supremo é simbolizado na pessoa sagrada do Imperador Impoluto, fiador da alegria dos cidadãos, e encarnado no poderio de Próspero, responsável pela prosperidade empresarial.

O Imperador Impoluto está presente e atuante na vida diária de cada pessoa, porque comparece diariamente e é visto por todos, às doze horas em ponto, em todas as televisões da Utopia. Se exibe sempre nu e sorridente e cada dia com um novo colorido esplendoroso, pintado pelos Cardeais da Cor.

Durante a apresentação imperial, intervém também a Corte das Putanas do Bicho, todas belíssimas, dançando e cantando para pespegar na barriga do Imperador Impoluto a imagem do bicho que ganhou naquele dia.

Participam igualmente do espetáculo diário os Condes do Cabaço para assegurar, com seus seguros sorrisos másculos, a cada um e a todos os utopianos que está vigente o seu direito ao orgasmo.

As qualificações muito especiais do Imperador Impoluto ensejam que na vida diária cada cidadão que tenha ou se aproxime de uma de suas características seja só por isso louvado. Tais qualificações são ser madurão, gordo e apetecível, de grandes olhos gazos, lavados, e surdo-mudo por nascimento ou opção.

As cinco cortes nobres, além de suas funções televisivas junto ao Imperador Impoluto, têm prescritas importantes obrigações.

Os Cardeais da Cor, que são todos andróginos ou simulam ser, regem o negócio de cosméticos, maquiagens, massagens e aplicações de produtos de beleza na Utopia.

As Putanas do Bicho, selecionadas entre as meninas mais belas, para se devotarem aos desfrutes do amor gozoso, têm cada qual a sua grande casa apalacetada, onde recebem e atendem, diariamente, pelo menos um recomendado de Próspero. Seu serviço público, porém, é reger o negócio do jogo de bicho em que cada utopiano faz, todo dia, sua fezinha. Os bichos inscritos no jogo imperial e seus respectivos números são:

Avestruz	1	Cavalo	11	Touro	21
Águia	2	Elefante	12	Tigre	22
Burro	3	Galo	13	Urso	23
Borboleta	4	Gato	14	Veado	24
Cachorro	5	Jacaré	15	Vaca	25
Cabra	6	Leão	16	Virago	26
Carneiro	7	Macaco	17	Xereu	27
Camelo	8	Porco	18	Zebra	28
Cobra	9	Pavão	19		
Coelho	10	Peru	20		

Estes são também os nomes dos dias do mês, desde que se aboliu a semana romana de tantas falsas feiras. Joga-se no bicho diário, que paga vinte prêmios; na série semanal, que paga vinte mil. E na lunar, que dá a quem acertar os 28 bichos do mês o controle vitalício da Casa da Moeda.

Os Condes do Cabaço — machões de bastas bigodeiras — velam pela efetividade do direito dos utopianos ao orgasmo. Seu encargo público é enlaçar e desenlaçar os casais, mediante a emissão de declarações legais de cabacidade. Uma mulher declarada cabaçuda está livre de compromisso para recomeçar do zero sua vida amorosa, com quem quiser, seja de que sexo for, com a bênção plenária do Imperador Impoluto.

A Casta dos Oriundos é integrada pelos filhos dos imigrantes norte-americanos, alemães e japoneses. São uns privilegiados que crescem selvagens para servir de contraste com a brasileirada de sua geração. Sua ocupação preferida é caçar Canhotos. Quer dizer, os caras que amputam o braço esquerdo, fugindo de Próspero. Para isso, os Oriundos organizam batidas nos bosques e matas de todo o Império, com uso sofisticadíssimo de sensores eletrônicos, de visgos bioquímicos e de matilhas de cães biônicos. A caçada é divertidíssima.

Pertencem também, de direito, à nobreza imperial os Colégios dos Magistrados que, através de seus Julgadores Tatuadores e Argoladores, ministram a Justiça Justa e impõem penas e prêmios, assegurando a tranquilidade pública.

A regência material do poder — operação técnica altissimamente complicada numa civilização avançadíssima como a Utopia —, requerendo total impessoalidade, está nas sábias mãos computacionais de Próspero. Ele é que, com atenção paternal detalhadíssima, programa a Participação Popular na economia e na informação e a Mobilização Popular para a motivação das massas através de sua incorporação e militância nos desportes, nos folguedos, no Carnaval, nos cultos e nas tertúlias artísticas e culturais.

Para que tantos milhões de utopianos tenham garantida sua cota de Participação, de Mobilização e de Educação, cada pessoa, a partir de dez anos de idade, tem implantado no pulso esquerdo um Televisor Ecumênico (TVE) e um Canal Fidibeque (CF).

O Televisor Ecumênico dá acesso imediato a qualquer programa, filme, livro, curso ou informe que o utopiano deseje ou que lhe seja receitado. O Canal Fidibeque possibilita comunicação audiovisual direta com Próspero, seja para receber, seja para transmitir informações, opiniões, votos, opções, aulas, instruções e ordens. Serve, também, para solitários jogos orgásmicos.

UTOPIA MULTINACIONAL

Estruturas do Poder e do Gozo

CONGRESSO NACIONAL

Constitucionalidade

SENADO VITALÍCIO
Governo das pessoas
- País Original
- País Oriental
- País Central
- País Ocidental
- País Meridional
- Terra de Ninguém

→ Efemérides cívicas
→ Calendário orgiástico

IMPERADOR IMPOLUTO
Maduro — Belo
Gordo — Apetecível
Olhos gazos
Surdo-mudo

↓ Patriotismo ↓ Orgasmo ↓ Alegria

CÂMARAS DA POTESTADE
Governo das coisas
- C. Fiduciária
- C. Fundiária
- C. Industriária
- C. Traficária
- C. Televisionária
- C. Subornária

Programação de Próspero ←
Deputados à Groenlândia ←

- Séquito dos Passistas
- Séquito das Mães de Santo
- Séquito dos Futebolistas
- Séquito dos Folcloristas
- Séquito dos Beletristas
- Séquito dos Imaginistas

- Cardeais da Cor
- Putanas dos Bichos
- Condes do Cabaço
- Casta dos Oriundos
- Colégio dos Magistrados

- Coorte Gerencial
- Coorte Auditorial
- Coorte Capatazial
- Coorte Tecnocrática
- Coorte Contemplária
- Coorte Custodial

MOBILIZAÇÃO POPULAR
→ Opções lúdicas

Ordem ↑ Lucro ↑ Produtividade ↑

PRÓSPERO-PONTÍFICE
Próspero-rei de Washington
Próspero-rei de Berlim
Próspero-rei de Tóquio
Prósperos-delfins

TV de Pulso | Canal Fidibeque

PARTICIPAÇÃO POPULAR
Compulsões sociais ←

EDUCAÇÃO TÉCNICO-MORAL E CÍVICA

Edificação da cidadania ← → Adestramento da força de trabalho

Como um perfeito sistema leva e traz, o CF serve, ainda, para chamar a atenção do utopiano para algum tópico que interesse especialmente a Próspero, o que ele faz com apelo a recursos sônicos e eletrônicos. Os primeiros são vibradores que tanto propiciam música inebriante ou de ritmo selvagem como funcionam de buzina ensurdecedora, acionada para pedir a atenção do utopiano. Os segundos, só utilizados eventualmente quando se torna indispensável uma ação convincente, consistem em descargas elétricas de intensidade regulável. Estas vão desde cosquinhas agradabilíssimas até as cargas de poraquê das cadeiras-do-dragão. Através desse instrumental é que, na Utopia, se garante a conscrição espontânea e alegre de toda a cidadania, tanto para o convívio ameno com seus semelhantes como para o bom cumprimento dos deveres na esfera do trabalho, da produção e da educação.

- É Próspero na Terra o que Deus é nas Alturas. Tudo sabe, tudo prevê e provê. Através desse sistema de informação e condicionamento personalizado, Ele promove a Participação Popular mediante o rodízio semestral das pessoas para as múltiplas profissões, garantindo, ao mesmo tempo, a equidade social e a produtividade empresarial.
- É também Próspero quem estabelece para cada pessoa, ouvindo-a atentamente, o programa mensal e anual de Mobilização Popular para o ativismo nas cinco modalidades de motivação: a orgiástica do samba, a mística do culto, a desportiva do futebol, a tradicionalista do folclore e a intelectual dos prélios literários, de criatividade artística e científica.
- É Próspero, sobretudo, quem — substituindo as antigas escolas — instrui a população tanto no plano técnico como no moral e cívico, através de programas personalizados de educação continuada. Estes vão do berço — pelos métodos pavlovianos — até a adolescência — pelos métodos piagéticos — até a maturidade — pelos métodos prospéticos. E prossegue instruindo e ilustrando pela vida afora até as idades provectas que sejam permitidas. Tudo isto se faz através do CF

— primeiro através dos pais, depois diretamente, pelo TVE pessoal — e de sua incomparável pedagogia de prêmios sonoros e castigos eletrônicos.

Imagine você como fiquei edificado ao ver desdobrar-se no informe este painel do sistema utópico multinacional. Uma civilização nova, grandiosa, se implantou no Brasil e floresce em todo o Terceiro Mundo através da coordenação de duas esferas de poder mutuamente ajustadas.

- A do Imperador Impoluto com suas Cortes da Beleza, da Sorte, da Alegria Orgásmica e da Caça.
- E a de Próspero, com suas redes computacionais compulsórias de Participação Popular e de Mobilização Popular e de Educação Técnico-Moral e Cívica que conscrevem e mantêm atenta e acesa e informada toda a cidadania.

Acima dessas esferas executivas paira o Congresso Nacional, que legisla em duas casas. Nelas se regula, respectivamente, o governo das pessoas, que é tarefa do Senado Vitalício — integrado por 24 senadores brancos ou amarelos, puros de origem, eleitos entre brasileiros natos e naturalizados —, e a administração das coisas, através das Câmaras da Potestade — integradas também por 24 deputados brancos e amarelos, nativos e oriundos.

O Congresso Nacional reúne-se na primeira semana de cada ano para ouvir o informe do Imperador Impoluto, redigido por Próspero, sobre o estado da Utopia e sobre a felicidade dos utopianos. Depois, as duas casas se dividem, para que cada qual cumpra suas funções específicas.

O Senado Vitalício tem como função fixar o Calendário Cívico das Efemérides e reger o Mês Orgiástico de cada país. É composto de provectos legisladores eleitos pelo voto popular, através de uma amostra aleatória, por consulta computacional, que se fez à base de uma lista elaborada por Próspero, referente à vetustidade provável de cada utopiano para o exercício severo das funções senatoriais.

Cada quatro senadores formam uma horda que representa o seu país, a saber:

- O País Original, que compreende as terras assentadas entre o São Francisco e o Atlântico e tem por capital a cidade de Diamantina.
- O País Oriental, que fica entre o São Francisco, o Tocantins e o Mar Oceano, cuja capital é Floriano.
- O País Central, que vai do Tocantins ao Amazonas e desce daí pelo Madeira, tendo por capital Goiás Velha.
- O País Ocidental, que vai do Madeira até os fundos do Brasil e tem por capital Tarauacá.
- O País Meridional, que desce do Paranapanema para o Sul e tem por capital a cidade de São Borja.
- A Terra de Ninguém da Guerra Guiana — ao norte do Amazonas — é representada, mas não frequentada, por imperativos marciais.

Os senadores se reúnem — creio eu — em Brasília, a capital federal utópica, por uma semana de três em três meses. Passam a maior parte do tempo é percorrendo, em horda, seus respectivos países, acompanhados de seus fâmulos e séquitos.

Assim verificam o bom cumprimento dos calendários — o Cívico e o Orgiástico. O primeiro se desdobra em treze dias de comemoração patriótica que caem sempre no Dia da Zebra, que é o último de cada mês lunar. Nesses feriados, se dedica a manhã a desfiles cívico-patrióticos; a tarde, a uma emocionante partida de futebol jogada ao vivo; e a noite, ao culto a Iemanjá.

São dias de alegria cívica em que se comemoram, no primeiro semestre, as seis efemérides das Matrizes Nacionais que recordam e exaltam os feitos

- dos índios: Cunhãmbebe e Juruna;
- dos negros: Zumbi e Pelé;
- dos lusitanos: Alonso Ribeiro e a Princesa Isabel.

No segundo semestre se honram as seis efemérides dos Oriundos, que evocam os empreendimentos que promoveram a modernização da pátria brasileira, a saber:

- os estadunidenses: Buchanam e Walters;
- os alemães: Hans Staden e Geisel;
- os japoneses: Hiroito e Ueki.

O décimo terceiro Dia da Zebra que encerra o ano lunático é dedicado ao culto do Imperador Impoluto e aos ritos de devoção a Próspero.

Os senadores são servidos, individualmente, por fâmulos que os maquiam, assessoram, secretariam e substituem quando ficam muito caducos. E são assessorados, coletivamente, pelos fidalgos dos cinco séquitos.

- O Séquito dos Passistas, que rege as Escolas de Samba do Carnaval, em que todo povo sassarica durante o Mês Orgiástico de seu país.
- O Séquito das Mães de Santo, consagrado ao culto a Iemanjá, que garante a tranquilidade espiritual de cada utopiano, no meio de uma vida azarosa.
- O Séquito dos Futebolistas, que capitaneia o futebol, desporte nacional jogado ao vivo nos feriados e eletronicamente contra Próspero através do CF individual.

- O Séquito dos Folcloristas, que cultua as tradições nos grupos de gauchescos, nos bandos devotados aos folguedos populares como o Catopé e o Boi-Bumbá e nas tribos de índios travestidos.
- O Séquito dos Beletristas, que atua nas tertúlias lítero-musicais, nos clubes de poesia e na Academia Brasileira de Letras, afinal democratizada.
- O Séquito dos Imaginistas, que promove a criatividade artística e o desenvolvimento científico da Utopia.

No seu trânsito através do respectivo país, a horda senatorial, com seus bandos de fâmulos e seus séquitos, ativa a vida cidadã em festas prodigiosas. Para tanto, na Utopia se substituiu a arcaica semana das feiras romanas pelo mês dos bichos, acabando com o exagerado e incumprido descanso semanal — substituído pelo feriado mensal do Dia da Zebra e por um mês inteiro de Festas Orgiásticas —, que são férias coletivas de que todo o povo de cada país participa alegremente.

Cada vez que a horda senatorial chega a uma região — e para isso ela chega no dia preciso, marcado cronometricamente por Próspero —, ali se instala o Mês Orgiástico, que se segue sempre a doze meses de trabalho. Nesse mês da alegria, cada cidadão de todo sexo e toda idade encarna seu papel tanto nos folguedos folclóricos de Bumba Meu Boi nas tribos travestidas e similares como nas escolas de samba de um Carnaval de 28 dias, e ainda nos ritos de Iemanjá e nas peladas de futebol. É optativa a participação dos cidadãos tanto nas tertúlias literárias e musicais como nos ateliês artísticos e nos laboratórios científicos.

Este franco acesso programado à alegria que alcança e agita cada cidadão, fazendo-o bailar, cantar, jogar, sorrir e até pensar por um mês inteiro, é, provavelmente, a grande conquista da civilização utópica.

A segunda Casa do Congresso é constituída pelas Câmaras da Potestade que se incorporam, junto com o Senado, na semana de função do Congresso Nacional, no começo de cada ano, para ouvir o informe de Próspero. Vinte e quatro são também os deputados, quatro para cada uma das seis câmaras em que vota segundo o montante do capital das empresas cujos acionistas os designaram para o exercício da função deputarial.

- A Câmara Fiduciária, dos banqueiros e seguradores que alugam dinheiro público e alheio.
- A Câmara Fundiária, dos proprietários territoriais, produtores de gêneros de exportação e de alimentos naturais.
- A Câmara Industriária, das empresas fabris, produtoras de bens civilizatórios.
- A Câmara Traficária, dos negocistas do comércio, dos hotéis e motéis e dos serviços pessoais de toda ordem.
- A Câmara Televisionária, das empresas de comunicação de massa que proporcionam informação e entretenimento.
- A Câmara Subornária, dos empreiteiros de obras públicas e dos fornecedores do governo.

As Câmaras da Potestade, servidas por corpos de serviçais e por coortes, cumprem a dupla função de:

- Programar Próspero, na singularidade de sua encarnação nacional;
- Eleger os seis deputados gerais à Matriz Satelital da Groenlândia, um para cada Câmara.

São Coortes das Câmaras da Potestade os seguintes corpos de comendadores:

- A Coorte Gerencial das Multinacionais, que cumpre os deveres do setor predominante da classe dominante nativa.
- A Coorte Auditorial, que zela as empresas contra furtos de gerentes e gentes.
- A Coorte Capataziária, que disciplina o trabalho e afiança a produtividade e a lucratividade das empresas.
- A Coorte Tecnocrática, que escolhe, dentre as necessidades avassaladoras que devem ser atendidas com recursos escassos, aquelas que melhor se compatibilizam com a lucratividade empresarial.
- A Coorte Contemplária, dos beneficiários de doações de terras públicas e de mordomias nas empresas estatais.
- A Coorte Custodial, das variadas polícias oficiais e privadas que espiam e vigiam o povo como olheiros de Próspero, para preservar a Ordem, garantir o Progresso e salvaguardar a Propriedade.

Os seis deputados gerais eleitos pela Câmara Nacional para representá-la na Matriz Satelital, sediada na Groenlândia, para lá são mandados para cumprir mandatos decenais. Reunidos com os representantes das outras nações, sempre por voto proporcional ao respectivo capital, eles programam o sistema Próspero em seus três níveis operacionais:

- O de Próspero-Pontifical, encarnado pelo computador central instalado; como o poderio supremo, numa galáxia de satélites coordenados desde a Groenlândia. Sua função essencial é coerentizar, homogeneizar e otimizar os interesses das empresas transnacionais do mundo inteiro.

- O dos Prósperos-Reis, ancorados nos três núcleos computacionais sediados nas submatrizes continentais de Berlim, de Washington e de Tóquio, responsáveis pela vigilância de seus respectivos interesses atuais e futuros na captação de insumos e na promoção da produtividade mundial.
- O dos Prósperos-Delfins, encarnados pelos sistemas computacionais das fatorias nacionais subordinadas de toda calota sul do planeta onde floresce a economia de mercado.

Através destas três encarnações de Próspero, cada uma delas servida por prodigiosos conjuntos de supercomputadores biônicos dotados de múltiplas funções e de capacidades ecumênicas, é que, em cada País Utópico,

- se conscreve e articula toda população, pessoa por pessoa, integrando-a tanto nos programas de participação popular como nos de mobilização popular de educação técnico-moral e cívica;
- se compõem as castas nobres liberadas do rodízio para o bom cumprimento de seus papéis como acionistas das multinacionais, senadores vitalícios, deputados às câmaras e seus fâmulos e serviçais; como nobres integrantes das cinco cortes imperiais; como fidalgos dos cinco séquitos senatoriais; e como comendadores das cinco coortes das Câmaras da Potestade.

A Utopia Burguesa Multinacional é, como se vê, o coroamento da evolução humana. Saltando do fogo ao arco e flecha ou à sarabatana, dela à cerâmica e à metalurgia e daí às matemáticas e à cibernética, os homens foram dar, afinal, neste sistema dotado de capacidade total de destruição e de edificações do mundo, de desfazimento e refazimento radical da humanidade.

Tendo decidido, por ora, não o destruir, o sistema se ocupa da supertarefa que, afinal, se tornou possível e é a preocupação básica da Central Utópica da Groenlândia. Refiro-me ao excelso projeto de programação do *Homo Cibernetícus* que recolonizará os mundos.

Tal como um dia os homens puseram ordem na natureza para que as plantas nascessem onde deviam e não ao acaso, para que se multiplicassem as vacas, os carneiros e as galinhas e não a variada bicharia selvagem de antas, tigres e emas... assim também, agora, se trata de desfazer e refazer com a mesma radicalidade a natureza humana acabando com o esgotado *Homo sapiens* paleontológico para dar lugar ao Homem Novo Programático. Devidamente refeitos, os nossos netos serão criaturas do homem verdadeiramente aptos para serem felizes e eficazes. Todos nascerão instruídos e adestrados nos variados ofícios que gostarão imensamente de exercer. O ex-gorila feito Golias gestará o Golen informático.

Este programa sobre-humano, que já concentra os recursos físicos e energéticos, bem como os talentos mais brilhantes da humanidade, permitirá:

- superar os complexos de Édipo e de Electra, implantando novos e melhores sistemas de sociabilidade;
- revogar o incesto e instituir, junto com novos traumas e tabus, renovadas liberalidades de âmbito discreto;
- devassar e desinfetar o inconsciente, instalando vias expressas de comunicação dele com o Canal Fidibeque;

- substituir as múltiplas falas semânticas pela língua comum analógica e pluriótica;
- construir uma antropologia dialógica prospectiva como a ciência e a prática da revolução cultural permanente.

Cada um desses passos será alcançado pela integração progressiva da fragilidade humana com a potência inteira dos servo-sistemas computacionais. Por esta via se há de refazer a personalidade e a cultura, a fim de reformar ousadamente a criatura humana, potenciando-a. Com efeito, desmontado e remontado o homem arcaico, mero resíduo da história passada — que foi capaz, não obstante, de tantas façanhas —, se recarregarão suas baterias emocionais desgastadas para capacitá-lo a atuar, de novo, como o agente ativo da história.

Este programa de superação humana será o coroamento da criação. Aquilo que o sábio teuto tanto esperou do espírito absoluto e seu discípulo infiel confiou, em vão, à luta de classes, se alcançará na Utopia terminal através do matrimônio da engenharia genética com a cibernética frenética. Deste casamento surgirá, afinal, o *Homo ciberneticus*, psicologicamente urdido com nervos de aço e músculos de dragão para ser tão íntegro no fruimento do gozo e no sofrimento da dor como o eram os índios Galibi e os antigos camponeses de Braga e ainda o é o criouléu carioca.

Já na sua forma presente, lidando ainda com homens residuais, a Utopia Multinacional dá à humanidade, cotidianamente, o que ela nunca soube ter:

- a diária visão esplendorosa e tranquilizadora do chefe de Estado nuzinho da silva e primorosamente pintado com as cores do arco-íris;

- a emoção diária da fezinha no jogo dentro de um mundo estável e confiável em que a única coisa deixada ao acaso é a possibilidade de ganhar no bicho;
- a diária esperança, sempre renovada, de alcançar as alegrias do Orgasmo, através de uma nova mutualidade matrimonial entre homens químico-eróticos e mulheres eternamente virginais.

Isto sem falar no entretenimento televisivo individual e ecumênico e nas possibilidades inesgotáveis do Canal Fidibeque que comunica cada pessoa, pessoalmente, com seu pai Próspero.

Não são também de desprezar as imensas alegrias coletivas da vivência orgiástica das festas do Mês Lunar, bem como as alegrias cívicas dos treze feriados de comemoração das efemérides das matrizes e dos oriundos. Não faltam nem mesmo as emoções profundas da religiosidade pelo culto a Iemanjá; e as emoções elétricas e superficiais, mas helenicamente belas, dos prélios esportivos.

Todas essas conquistas nas artes do bem viver se tornaram possíveis e acessíveis mercê do progresso da ciência e da técnica promovido pelas Corporações Multinacionais. Elas é que, tornando viável Próspero-Pontífice e seus vassalos, com sua gama infinita de funções cibernéticas, cristalizaram e rotinizaram o Milagre, fazendo dele uma civilização.

Nesta altura, cumpro o dever de advertir e alertar o leitor que me acompanhou até aqui, através de tantos tópicos, para alguns senões. Não falo de defeitos do Sistema Utópico Multinacional, que é perfeito em si, mas da documentação obtida através do cubano fidelista, amigo de Pancho.

Que essa documentação se refere ao Brasil cabem poucas dúvidas, embora eu deva admitir que exemplifiquei com regiões e com coisas brasileiras, cada vez que me foi dada a oportunidade, para tornar esta fábula verossímil.

Refiro-me é a algumas informações que vêm no documento original, as quais induzem a dúvidas. Principalmente, a de perguntar de que Brasil se trata. Parece tratar-se, como se viu, do Brasil do ex-tenente Carvalhall, pela referência clara que faz a uma Guerra Guiana. Mas, por igual, outros indícios dizem que pode ser também o Brasil das monjas, pela invocação reiterada do Rodízio Semestral, da Justiça Justa et caterva, a que elas também se referem. Onde estamos nesta confusão cubana? A hipótese que ofereço a você como plausível é que se trata de um enésimo Brasil que devemos juntar aos já catalogados.

Entretanto, não afasto completamente a possibilidade de se tratar de um logro. Quem pode confiar no que nos vem de mãos soviéticas, com seu vezo anticapitalista? Mais ainda, como não desconfiar do que nos chega deles através de mãos fidelistas, sabidamente esquerdistas? Não estarão esses comunistas querendo subverter minha consciência e invadir a sua consciência, minha graciosa leitora? Quem nos garante contra tais intrujices? Cuidado!

Felicidade senil

[...]

Bem sei, meu leitor, que esse reino Galibi não é nenhum País de Cucanha que se diga. Longe está das abundâncias miraculosas dos mundos sonhados:

- Vacas de úberes inesgotáveis.
- Rios de leite e de mel.
- Arroios de cerveja e de cachaça.
- Peixes aflitos pulando nas caçarolas.
- Caças mágicas se transformando em qualquer iguaria.

Nada disso existe por lá. Nem mesmo vacas há. Nem vinho, nem cerveja, nem cachaça. O mel que existe é este metido nos paus mais duros e defendido por abelhas que mais parecem marimbondos.

Admita, porém, que tem seus rústicos encantos. Principalmente essa indiada cândida e afável. Não tendo jamais experimentado os freios de escravidão ou do assalariato, eles guardam uma inocência e uma inteireza que, entre nós, só restam nas crianças, nos doidos e nos caducos.

São de gabar, também, suas mãos habilíssimas para todo fazimento. Capazes de pôr perfeições indivisíveis nas coisas mais reles, pela pura alegria de criar porque nem sabem que trabalham.

Seu forte, contudo, não está nas sabedorias do fazer. Está, isto sim, é nas artes do conviver. Nisso estão sozinhos. Organizam suas vidas em comunidade como quem acha que o importante da vida é só viverem todos juntos, convivendo livremente, sem medo de donos, nem de reis, nem de deuses.

Até suponho que os socialistas verdadeiramente comunistas o que querem, sem saber, é um mundo como este Galibi. O que buscam há tanto tempo e tão afanosamente — esse velho sonho ansiado de uma coisa que só faltava imaginar bem para possuir realmente — é, nada mais, nada menos, do que essa convivência índia num reino mecânico e computacional: civilizado.

Este tuxaua deles, por exemplo, que bem podia ser um rei, é na verdade um banana, como bem diz Orelhão. Mas por que todo chefe ou rei — se é que tem de havê-los — não há de ser um companheirão? Jamais Calibã deu uma ordem na vida, e no dia que der todo mundo vai cair na risada.

— Sou passadista, confesso.

Mas não pense o leitor que advogo o retorno à barbárie. Longe de mim tal disparate. O que tenho é uma incurável nostalgia de um mundo que bem podia ser, mas jamais foi e que eu nem sei como seria e se soubesse não diria.

Verso estes jogos utópicos forrado de cautela. Suspeito muito que reformar a sociedade — desfazendo-a, para refazê-la melhorada —, embora indispensável, seja um trabalho muitíssimo arriscado e complicado. Muito mais, certamente, do que desmontar uma vaca e remontá-la, capaz de mugir melhor e dar bom leite.

Stálin tentou e deu com os burros n'água, mas afiançou o socialismo, no cerco.

Mao dobrou a parada de nossas esperanças enquanto praticou jardinagem e vetou o mandarinato.

Fidel, imprudente, insiste. Persistindo na loucura, acabará demonstrando que a Galibia Martiana há de florir.

Eu torço pra dar certo: há de dar! Há de dar!

— Muito bem. Tomara! Secunda, lá do céu, Nosso Senhor Jesus Cristo, que afinal entrou na política.

"A nação latino-americana" (1982)

"A nação latino-americana" foi publicado no número 62 da revista *Nueva Sociedad*, correspondente aos meses de setembro e outubro de 1982. Sua consideração é da maior importância aqui. Contém uma caracterização da América Latina condensada e atualizada em relação aos livros de 1969 e 1971 (*As Américas e a civilização* e *O dilema da América Latina*, respectivamente). Condensada, porque, em aproximadamente vinte páginas, Darcy pinta magistralmente "sua" América Latina. Atualizada, porque nessas páginas podem apreciar-se com nitidez os deslizamentos implicados em sua experiência de "crise do tempo". Já não estamos nos tempos da "revolução necessária", mas da "pequena utopia". Já não estamos tanto nos tempos da "transfiguração", mas da "afirmação étnica", após haver comprovado que aqui, em Nuestra América, também havia/há "povos emergentes". Lida juntamente com "A civilização emergente", de 1984, e em contraste com a pentalogia de 1968-1972, a revisão atenta de "A nação latino-americana" nos permite analisar com precisão os alcances dos movimentos iniciados em 1972-1973. O ensaio apresenta uma concepção fascinante da temporalidade e fecha com futurições vibrantes, ainda que elas sejam, majoritariamente, "corpos de previsões não verificadas", de acordo com a linguagem de José Gaos (a esse respeito, ver nosso "Estudo preliminar").

Vicissitudes antiutópicas

Uma característica singular da América Latina é sua condição de um conjunto de povos intencionalmente constituídos por atos e vontades alheios a eles mesmos. Atos germinais efetuados dentro de programas que, se não foram sempre previamente prescritos, se desdobraram dentro da máxima racionalidade. Nada se deixou ao acaso. As cidades foram plantadas em lugares criteriosamente escolhidos e construídas segundo plantas detalhadas para cumprirem funções preestabelecidas. A exploração de recursos ou a implantação de novas formas de produção se exerceram sempre segundo regulamentações explícitas.

Nessa ordenação exaustiva, a única coisa que, embora muito regulada legalmente, nunca preocupou de fato aos governos foi o destino da população original, que aqui se encontrou e a que ela sucedeu, totalmente refeita. O povo sempre foi, nesse mundo nosso, uma mera força de trabalho, um meio de produção, primeiro escravo, depois assalariado, sempre avassalado. Suas aspirações, desejos e interesses nunca entraram na preocupação dos formuladores dos projetos nacionais, que só têm olhos para a prosperidade dos ricos.

De outros povos se pode dizer, talvez, que resultaram, em sua forma presente, do desenvolvimento de suas potencialidades, tal como ele se processou espontaneamente no curso da história. Nós não. Somos a resultante de empreendimentos econômicos exógenos que visavam saquear riquezas, explorar minas ou promover a produção de bens exportáveis, sempre com o objetivo de gerar lucros pecuniários. Se dessas operações surgiram novas comunidades humanas, isso foi uma resultante ocasional, não esperada e até indesejada. Nascemos, de fato, pela acumulação de crioulos mestiçados racial e culturalmente, que se multiplicaram como uma espécie de rejeito ou de excesso. Um dia essa mestiçaria foi chamada a virar um povo, quando uns nativos ricos decidiram que constituíam um povo-nação que queria a independência. Naturalmente suas repúblicas se organizaram prescindindo do concurso do populacho. Ainda hoje, século e meio depois, seus sucessores encastelados no poder acham que o povo não está preparado para o exercício da cidadania.

O povo, primeiro, era o gentio pagão que só existia como matéria-prima para ser transformado em alguma coisa mais pia pelos missionários e mais útil pelos colonos. Depois, foi a negraria escrava importada como uma força energética que se queimava como um carvão humano nas minas e nas plantações para produzir o que não comiam nem queriam, mas sim o que dava lucro ao amo e senhor. Hoje, é a massa excessiva de gentes escuras, mestiços de índios e de pretos, meio envergonhados de suas caras tão contrastantes com os padrões europeus de beleza e dignidade. Eles aí estão sempre disponíveis como uma força de trabalho, que é o componente mais reles da produção, porque, sendo mais barato do que a terra, o gado, as máquinas e os insumos, nem precisa ser poupado. De fato, até valia mais antigamente, quando era escasso e tinha de ser caçado no mato, transladado da África ou importado como imigrante, ou quando os europeus excedentários se converteram também em gado humano e exportável.

O povão latino-americano tanto se multiplicou que hoje excede, visivelmente, as necessidades da produção. Começa mesmo a causar preocupações. Que fazer de tanta gente desnecessária? Se alguém quisesse importá-la, nossos governos forneceriam de graça e ainda subsidiariam a operação. Lamentavelmente, ninguém nos quer. Tratou-se, laboriosamente, com copiosa assistência internacional, de sustar seu incremento impetuoso, seja distribuindo pílulas, seja instalando nas donas mais pobres e morenas assassinos aparelhos anticonceptivos. Amanhã tentarão talvez a castração dos machos e a esterilização das fêmeas.

A presença e as aspirações singelas desse povo todo, que deseja ter, cada qual, seu emprego certo, comer todo dia, fazer um curso primário completo, ser tratado nas doenças graves e aposentar-se aos setenta anos, excedem tanto as possibilidades do sistema que já não deixam muita gente dormir. Não há nenhuma possibilidade, nem nos horizontes mais longínquos de desenvolvimento da América Latina tal como ele se dá agora pela rota do subdesenvolvimento, de concretizar essa singela utopia, em qualquer tempo previsível.

A pergunta que se coloca, nessa altura, é a que nos explique por que exatamente os povos das Américas, que foram os mais ricos e os mais cultos do passado — que éramos nós —, estamos hoje tão mergulhados no atraso? E por que, ao contrário, povos mais chucros e mais pobres de ontem, que só contavam com singelas igrejas de tábuas e uma economia artesanal autossuficiente — que eram os norte-americanos —, passaram tanto à nossa frente? A resposta está, provavelmente, no tipo de sociedade que lá e cá se construiu. Isso se comprova, inclusive, olhando para o sul escravista dos Estados Unidos. Seu pendor de ser uma sociedade subdesenvolvida, atrasada e desigualitária era tão veemente que foi necessária a Guerra de Secessão para impedi-los de determinar o estilo de vida e o modo de organização da sociedade global.

Com efeito, os metais preciosos retirados da América Latina multiplicaram várias vezes a existência de ouro e de prata no mundo. As exportações de açúcar foram o produto mais rico e lucrativo do mercado mundial até a Primeira Guerra, quando foram superadas pelo petróleo. A enorme riqueza desses e de dezenas de outros produtos, amassada à custa do desgaste de milhões de escravos índios e negros, deixou aqui, além dos buracos das minas, duas contribuições importantes. Uma, muito alabada, que são as implantações civilizatórias de que tanto nos orgulhamos: fortalezas portentosas, suntuosas igrejas barrocas, coloniais, que fazem o esplendor do México, do Recife, da Bahia, do Rio de Janeiro, de Ouro Preto, de Lima ou de Quito. Os Estados Unidos nunca tiveram nada de tão brilhante e civilizado. O outro resultado, esse muito menos apreciado, é o nosso povão amulatado de negritudes e mestiçado de indianidade, que constitui hoje um dos maiores núcleos populacionais do mundo. Para quê?

[...]

Abra os olhos, leitor

É tempo já de se lavar os olhos do mundo para ensiná-lo a nos ver o que somos, sem nos esconder atrás de estereótipos. A ideia de uma América Latina da *siesta* e da *fiesta*, do machismo, dos ditadores vocacionais, da *sombra e água fresca* e de uma indolência doentia tem a mesma função do racismo. É escamotear a realidade da dominação colonial e classista.

Mais horas de descanso para o almoço eu vi na Holanda ou na Itália do que vejo aqui. A larga e afrodisíaca festa europeia das férias de verão não tem, lamentavelmente, nenhum equivalente por cá. Não conseguem é ser tão criativas, vivazes e belas como nossas festinhas.

Sobre a propalada preguiça latino-americana, deixe-me dizer-lhe que um operário da Volkswagen do México ou de São Paulo trabalha o mesmo ou mais que seu colega alemão, ganhando um salário cinco vezes menor. Os diretores e gerentes de cá é que ganham dez vezes mais que os de lá. O mesmo ocorre com o boia-fria do Paraná ou o vaqueiro da Bahia, que trabalham mais do que qualquer peão do Texas ou camponês galo, labutando em condições muitíssimo piores e ganhando dez vezes menos.

Onde está nossa preguiça? A preguiça entre nós, como a luxúria e o dengo, nunca foi coisa de negro nem de índio ou de mulato, nem mesmo de ranço pobre. É a fatia do branco rico, a mais gostosa de suas muitas regalias.

Uns poucos méritos que habitualmente se reconhecem em nós, latino-americanos, são logo degradados pelo espírito depreciativo com que se expressam. Esse é o caso, entre outros, da nossa música popular sabidamente bela, rítmica e vibrante, que devemos à veia criativa africana. Apesar de gabada, ela nos é mais vezes debitada do que creditada, como ocorre quando nos figuram como os insaciáveis dançadores de sambas, rumbas e boleros.

Caso ainda mais feio é o do chamado *boom* da literatura latino-americana. Nesse caso, o preconceito é evidente. Não há nenhum *boom* espantoso que tenha de ser explicado como um fenômeno. Simplesmente, o mundo moderno não conhece romancistas melhores que o Gabo, Borges, Cortázar, Rulfo e Guimarães Rosa. Nem poetas que poetam melhor do que Neruda, César Vallejo e Drummond.

Falando ainda de literatura, é de assinalar que grandes escritores nórdicos buscam, habitualmente, suas origens onde elas efetivamente estão, na Europa. É lá que Eliot e Pound vão beber na fonte. Nossa busca de origens se dá é em Guillén, poeta da negritude, ou em Arguedas, romancista da indianidade. Mesmo nossos literatos mais dados a europar lá se assentam é olhando pra cá, nos refazendo em palavras.

Alguns defeitos nos são atribuídos com carradas de razão. Entre eles o machismo. É verdade que muito temos pecado de machismo, mas nossas mulheres nos vêm reeducando com rigor para que, continuando a ser quentes e amorosos, sejamos cooperativos e cordatos e, se possível, até fiéis.

O mandonismo caudilhesco que também nos atribuem não é coisa nossa; pelo menos não é debitável ao povo latino-americano. Ele é que sofreu e sofre na carne a boçalidade dos régulos escravistas, coloniais ou multinacionais que a civilização europeia e sua filial ianque nos impõem como seus servidores mais fiéis. Cárdenas, Allende ou Fidel não se parecem com nenhum caudilho.

Abra os olhos e o entendimento, leitor, para outra revelação. Ditadores tropicais sanguinários, como Somoza, Trujillo e Batista, são criaturas que Washington criou, amestrou e nos impôs para perpetuar o domínio ianque sobre as "repúblicas de bananas" que mantém no Caribe. Elas são a expressão política natural e necessária da apropriação das terras pelas empresas norte-americanas produtoras de frutas de exportação. Se você duvida, olhe um pouco para Nicarágua, El Salvador e Guatemala e se pergunte quem quer reter a lucrativa tradição bananeira? Quem cria, ceva e perpetua ditaduras no Caribe?

As novas ditaduras militares do Brasil, da Bolívia, do Chile e da Argentina são também criações norte-americanas. São o correspondente político inevitável do domínio de nossa economia pelas corporações transnacionais, que, não podendo ser legitimado pelo voto popular, tem de ser imposto pela mão de governos militares. Cada uma delas nos foi imposta através de movimentos programados cuidadosamente em Washington — com a ativa participação internacional — de desestabilização de governos democráticos e progressistas, seguidos da apropriação do poder através de golpes de militares ianquizados. Uma vez implantada a nova ordem, seus mandantes atenderam solícitos a voz do amo. Redefiniram toda a política salarial para anular as conquistas sociais dos trabalhadores e impor regimes de medo e de fome. Logo após, com o mesmo denodo, revogaram por decreto a legislação de defesa dos interesses nacionais, para que as empresas multinacionais se apropriassem de nossos recursos e mercados. Em consequência, nos converteram em exportadores de capitais que mandam para fora lucros cada vez maiores, ao mesmo tempo que assumimos uma dívida externa que cresce astronomicamente.

Preste atenção, aliás, em um detalhe expressivo. Alguns desses ditadores novos da América Latina têm nomes que para nós soam tão bizarros como Geisel, Médici, Stroessner, Pinochet, Banzer etc. Serão os filhos exitosos dos imigrantes que acolhemos? Ingratos! Nenhum deles, por ser europoide, teve qualquer escrúpulo em adotar e até aprofundar a boçalidade do estilo ditatorial latino-americano.

Nessa altura você concordará comigo no quanto é duvidoso que o projeto de futuro que as nações ricas têm para nós seja alguma liberação. Sabidamente eles querem e necessitam de nossos produtos de exportação e de nossa mão de obra barata para com eles se prover e lucrar. Se acalentam algum sonho para nós, esse será tão feio como o de fazer da América Latina do futuro um imenso Porto Rico, a fim de estrelar e encher de riscos novos uma nova bandeira norte-americana. Doce sonho de tarados.

Nosso próprio projeto é outro, que fomos e somos impedidos de realizar. Para evitá-lo, dopam exércitos, subornam políticos, falem empresários. Mas não ficam nisso, entrando a perseguir, prender, exilar, cassar, torturar e matar quando se sentem ameaçados em seus privilégios. Uma amostra do que poderia vir a ser amanhã uma América Latina estruturada para si mesma em democracia e liberdade, como queria Salvador Allende, hoje só nos dá Cuba. Apesar do cerco e do boicote ianque, lá todos comem todo dia, toda criança tem escola, completa o primário e muitas vão adiante.

Mas isso não é tudo. Importante mesmo, belo até, é o papel internacional que Cuba hoje desempenha. Incontestavelmente muito mais importante do que o de toda a América Latina junta. Dez milhões de cubanos, frente a trinta milhões de argentinos parvos, sessenta milhões de mexicanos frouxos, cento e vinte milhões de brasileiros tíbios ou do total de quatrocentos milhões de latino-americanos insignificantes, nos dão a voz e a presença generosa que quiséramos ter, liberando Áfricas. Até o governo brasileiro, tão reacionário, tem de aprovar a presença de soldados cubanos em Angola porque só eles, ali e alhures, impedem a hegemonia "africâner" que perpetuaria, agravada, a brutalidade do colonialismo europeu. Imagine comigo, leitor, o que será no ano 2000 uma América Latina que valha cinquenta Cubas de poderio e garra como presença calorosa neste mundo necessitado de ousadias libertárias. Não é impossível nem que o Terceiro Mundo vire o primeiro.

Hegel, que não entendeu nunca os povos americanos, mas tinha estalos de gênio, disse uma vez que a América, país do porvir, alcançaria sua importância histórica através de uma guerra entre a América do Norte e a América do Sul. Não sei se precisamos de mais guerra do que a suja guerra indeclarada que eles travam contra nós. Sei apenas que, uma vez liberados da opressão imperialista, nós floresceremos, e eles também serão melhores, porque estarão livres do feio papel anti-histórico que hoje encarnam. Vá se acostumando, leitor, com a ideia de que vamos dar certo e de que isso fará muito bem ao mundo. Somos e nos vemos como parte da civilização ocidental. Alternos das civilizações orientais como a indiana, a chinesa, ou a japonesa. Mas bem sabemos que somos um subúrbio dela, mais distante e diferenciado dos seus orgulhosos núcleos cêntricos do que os soviéticos, além de imensamente menos importantes.

Pouca ou nenhuma consciência temos, ainda, de que sobre nossos ombros recairá, em grande parte, a tarefa de criar uma nova ocidentalidade que seja, pela primeira vez, uma civilização humana respeitável. Entretanto, frente à hegemonia infecunda da América saxônica, que parece só preocupada em lucrar e reter a história parada; frente a uma Europa reduzida à sua expressão geográfica, dividida pela linha arbitrária das fronteiras das duas grandes potências hegemônicas e encolhida de medo da terceira guerra que estalará na véspera de sua destruição; frente a um mundo socialista impedido de realizar suas potencialidades libertárias, assoberbado que está na tarefa de manter o poder de represália com uma economia cinco vezes menor que a de seus adversários; frente a tudo isso, só vejo a nós para a tarefa urgente de humanizar nossa civilização e orientá-la por caminhos solidários que livrem os homens do medo e lhes devolvam a alegria de viver.

"A civilização emergente" (1984)

Publicado no número 73 da revista *Nueva Sociedad*, o ensaio "A civilização emergente" é, provavelmente, o exercício de futuração mais lembrado de Darcy. Em nota preliminar, a revista informa que o material, por si bastante extenso, são "alguns significativos capítulos" de um "denso e eloquente" ensaio que Darcy "escreveu" a pedido da Divisão de Filosofia da Unesco, que não se pode publicar completo devido a "razões de espaço". Nós não pudemos estabelecer, até agora, se existe a versão completa desse ensaio. Do ponto de vista desta antologia das futurições darcyanas, "A civilização emergente" é decididamente central. Não apenas por sua atualidade e sua agudeza para abordar as múltiplas tensões implicadas no complexo vínculo tecnologia/cultura, mas também porque constitui um lugar excelente para apreciar deslizamentos e assincronismos em seu itinerário/obra, por exemplo, em relação ao tratamento do tópico da "revolução necessária", ou também no que concerne à valoração dos movimentos de afirmação étnica (que incluem a caracterização dos povos indígenas americanos como "povos emergentes"), para mencionar apenas duas das fascinantes questões abordadas em suas páginas. Insistimos: as perguntas que esse ensaio clássico apresenta são de uma lucidez e uma vigência extraordinárias. Em particular, as duas passagens finais poderiam perfeitamente ser inscritas na "porta de entrada" de todos os espaços consagrados aos estudos latino-americanos e à busca por aproximações entre os países do Sul.

Quero voltar aqui à minha classificação (Ribeiro, 1969 [1970]) dos povos extraeuropeus modernos em duas categorias diferenciadas, de acordo com o seu processo de formação histórica e cultural. Para mim são povos transplantados, constituídos pela expansão de nações europeias sobre territórios de ultramar onde, sem se misturarem com a população local, reconstruíram sua paisagem e retomaram suas formas originais de vida. A seguir, se desenvolveram culturalmente dentro de linhas paralelas e similares às da metrópole, como povos brancos de ultramar. É o caso dos Estados Unidos e do Canadá. É também o caso da Nova Zelândia e da Austrália. Cabem também nessa categoria a Argentina e o Uruguai, ainda que no seu caso de forma limitada, uma vez que ambos só se europeizaram depois de estruturados como povos mestiços que construíram seus países e fizeram a independência. Isso ocorreu por uma transfiguração cultural posterior, decorrente do enorme vulto da imigração europeia que caiu sobre eles.

Configurações histórico-culturais

Nessa configuração de povos transplantados se encontram, orgulhosos de si mesmos, os representantes e herdeiros da civilização europeia ocidental, beneficiários e vítimas de sua própria expansão. São os povos mais modernos e, como tal, os que mais radicalmente perderam a cara ou a singularidade. Em consequência, são, hoje, a gente humana mais letrada, mais estandardizada e mais uniforme, mas também a mais desinteressante e sensaborona.

Em minha tipologia vêm, em segundo lugar, os povos testemunho, formados pelos remanescentes atuais de altas civilizações originais contra as quais se chocou a expansão europeia, sem conseguir, contudo, assimilá-los na condição de novos implantes seus. Nessa categoria estão os indianos, os muçulmanos, os chineses, os indochineses, os japoneses etc. Nas Américas, eles são representados por México, Peru, Bolívia e Guatemala.

Cada um desses povos testemunho experimentou enormes vicissitudes e sofreu profunda europeização. Insuficiente, porém, para fundir num ente etnicamente unificado toda a sua população. Vivem o drama da ambiguidade de povos situados entre dois mundos culturais contrapostos, sem poder optar por nenhum deles. Já não são índios. Jamais serão europeus. A civilização emergente representará para eles, no plano cultural, um imenso desafio: o de se desfazerem de uma falsa imagem unitária para que cada um de seus componentes étnicos assuma seu próprio perfil e o comando autônomo de seu destino para voltarem a florescer.

A terceira categoria, referente aos povos novos, concerne àquelas populações oriundas da mestiçagem e do entrecruzamento cultural de brancos com negros e com índios de nível tribal, sob a dominação dos primeiros. Tais são, entre outros, os brasileiros, os colombianos, os venezuelanos ou os cubanos.

Sua característica diferencial é a de povos desculturados de sua indianidade, africanidade ou europeidade para serem um ente étnico novo. Comparados com os povos transplantados, que são meros europeus de além-mar, ou com os povos testemunho, que carregam duas heranças culturais imiscíveis, os povos novos são uma espécie de povo tábua rasa, deserdados que foram de seu parco acervo original. Desapegados de passados sem glória nem grandeza, eles só têm futuro. Sua façanha não está no passado, mas no porvir. Seu feito único é, debaixo de todas as vicissitudes, terem construído a si mesmos como vastos povos linguística, cultural e etnicamente unificados. Resumindo em si a genialidade e as taras de todas as raças e castas de homens, eles estão chamados a criar uma nova condição humana, quiçá mais solidária.

É certo que na configuração de cada povo novo predominou, por força da hegemonia colonial, o europeu que lhe deu a língua e uma versão degradada da cultura ibérica. Mas foi tão recheada de valores que clandestinamente a impregnaram, oriundos das culturas indígenas e africanas, que ganharam um perfil próprio e inconfundível. Essas discrepâncias, aliás, é que emprestam aos povos novos a singularidade que acaso tenham.

Por muito tempo as elites desses povos novos se tiveram, nostalgicamente, por europeus desterrados. Seus intelectuais não se consolavam de viver nos trópicos, suspiravam tanto pelas doçuras dos climas nórdicos como pelo brilho da vida parisiense. Intoxicados pelo racismo europeu, se amarguravam de suas caras mestiças. Só em tempos recentes se generalizou a percepção de que eles são outra coisa, tão diferentes da Europa como da América indígena e da África negra. Mas ainda há muitos macaquinhos basbaques por aí, simulando ser o que não são: boquiabertos, papagueiam europeidades.

Dos índios, os povos novos receberam duas heranças substanciais. Primeiro, a fórmula ecológica de sobrevivência nos trópicos, fundada em milênios de esforços adaptativos realizados pelos indígenas que lhes ensinaram como produzir as condições materiais de existência das suas sociedades. Segundo, uma imensa contribuição genética. O chamado "branco" na população dos povos novos é, essencialmente, um mestiço gerado por europeus no ventre de mulheres indígenas. Como o número de homens sempre foi muito pequeno, essas populações são geneticamente muito mais indígenas que caucasoides.

Dos negros, os povos novos receberam também importante aporte genético, variável de país para país conforme a magnitude da escravaria negra que tiveram, o que os fez, além de mestiços, mulatos. A contribuição cultural negra é representada fundamentalmente por aqueles traços que puderam persistir debaixo da opressão escravista. Esses vão desde técnicas e valores a sentimentos, ritmos, musicalidades, gostos e crenças que o negro escravo pôde guardar no fundo do peito e defender do avassalamento. Essas qualidades hoje conferem características de vigor, de alegria e de criatividade como traços distintivos dos povos novos que incorporaram maiores massas negras. Tão profundo e completo foi o processo de aculturação dos negros que sua presença se remarca menos pela africanidade que pela extraordinária criatividade que os faz cada vez mais influentes na vida cultural de seus povos.

A quarta configuração histórico-cultural da minha tipologia se refere aos povos emergentes. Vale dizer, aos grupos étnicos que hoje se alçam na Europa, na África e na Ásia e também nas Américas, ocupando o espaço que ultimamente se abriu para a reconstituição e a afirmação do perfil étnico e cultural dos povos oprimidos enquanto minorias nacionais. Nas Américas, essa categoria está representada principalmente pelas massas dos indigenatos do Altiplano Andino, do Iucatã e da Guatemala. São os sobreviventes da civilização incaica, da civilização asteca e da maia que, depois de séculos da mais terrível opressão, começam a estruturar-se como povos em si, aspirantes à autodeterminação.

Conflitos interétnicos

Até recentemente esses indigenatos eram vistos pelos estudiosos como meros campesinatos que ainda opunham resistência a uma assimilação que parecia inexorável. Acreditava-se que, com uma boa reforma agrária, alguma assistência educacional e a ajuda das práticas insidiosas do indigenismo, eles deixariam da mania de serem índios para se fazerem bons cidadãos peruanos, bolivianos, guatemaltecos e mexicanos.

Ultimamente se generalizou a percepção de que eles não são meros campesinatos atípicos. São é povos oprimidos. Como tal, aspiram legitimamente ao comando de seu destino pela proscrição da hegemonia das minorias de crioulos nominalmente brancos e europeus que fizeram a independência para eles próprios. De fato, desde que se apossaram dos governos, eles oprimem as populações originais, às vezes majoritárias, tanto ou mais do que elas eram oprimidas pela metrópole espanhola colonial.

O alçamento desses indigenatos demonstra que nem toda história é feita de luta de classes. Além das oposições classistas, existem e persistem outras tensões, como as interétnicas, que são mais antigas e, em muitos casos, mais vigorosas e até mais dinâmicas. Com efeito, as primeiras sociedades de classe aparecem há cerca de seis mil anos, enquanto as identificações étnicas e os conflitos resultantes de suas oposições são muitíssimo mais antigos. É até provável que, em futuras sociedades sem classes — ou naquelas em que o domínio classista seja substancialmente atenuado —, persistam oposições interétnicas, capazes de desencadear conflitos.

Efetivamente, conflitos interétnicos espocam por toda parte com gravidade variável, demonstrando, por sua generalidade, que são a expressão de alterações profundas no caráter da civilização vigente ou a anunciação do nascimento de novas civilizações. Em certos casos, eles ameaçam alcançar extrema virulência.

A persistir nas nações americanas onde se assentam os povos emergentes o antigo modelo espanhol de estruturação de Estados unitários dominando sociedades multiétnicas, serão inevitáveis violentos conflitos que podem até degenerar em guerras étnicas. Ao contrário, a adoção de formas mais participantes — como a Suíça, por exemplo —, pela organização de Estados multinacionais que correspondem melhor àquelas sociedades multiétnicas, pode atenuar esses conflitos. Mas não proscrevê-los.

O mais trágico da situação dos povos emergentes é o imperativo de complicar com fatores étnico-culturais o quadro já muito tenso das lutas sociais dos povos americanos. Nada garante que as energias étnicas que se acenderão se somem aos reclamos classistas para, juntos, promoverem uma revolução capacitada a configurar um novo Estado mais aberto e igualitário no plano étnico e mais solidário no plano social. Bem pode suceder o contrário. As próprias classes dominantes desejarão utilizar essas tensões para eternizar sua dominação.

Isso é o que ocorre, agora, por exemplo, com os *miskitos*. Atiçados pelo governo norte-americano contra a revolução nicaraguense, eles são postos dentro de seu próprio território numa terra de ninguém, entre fogos cruzados.

É provavelmente na Guatemala, porém, que mais claramente se configura, hoje, uma luta interétnica convertida numa guerra de libertação. Ali, uma minoria insignificante de mestiços pretensamente ibéricos exerce a hegemonia étnica sobre uma maioria enorme formada pelas populações originárias da civilização maia. Como seu avassalamento já não é aceito, a minoria mestiça cai na criminalidade do genocídio para manter a ferro e fogo a dominação mais dura e perversa. Lutas semelhantes tendem a espocar no Altiplano Andino, onde os Quéchua e Aimará tomam consciência ativa de si mesmos como povos oprimidos. O mesmo ocorrerá com os Mapuche no Chile.

Merecem atenção alguns enclaves étnicos assentados dentro do corpo dos povos novos e dos povos transplantados que vivem situações de conflito similares às rebeldias de caráter étnico. Refiro-me a contingentes populacionais etnicamente diferenciados que buscam conquistar um espaço maior e melhor dentro do quadro nacional onde se encontram oprimidos. Esse é o caso dos chicanos e porto-riquenhos nos Estados Unidos da América, por exemplo. Cada vez mais conscientes de si mesmos e mais resistentes à submissão ideológica e à hegemonia ianque, eles começam uma luta que só tende a recrudescer.

A situação dos negros norte-americanos é distinta, mesmo porque eles não são propriamente uma etnia, uma vez que nenhum contingente da população é mais americanizado. Suas lutas têm, porém, algum caráter de revivalismo étnico e constituem uma ordem paralela de conflitos, já que também eles se conscientizam como um componente diferenciado que aspira a uma posição menos opressiva dentro do quadro nacional, com maior liberdade e melhores condições de vida.

Desempenhos civilizatórios

Assinalamos em outro estudo (Ribeiro, 1982) que às diferentes configurações histórico-culturais correspondem diferentes desempenhos civilizatórios. É notório, por exemplo, que os povos transplantados alcançaram níveis mais altos de desenvolvimento, dentro da civilização industrial, que todos os outros, sobretudo os transplantados do Norte. Estes, embora implantados um século mais tarde do que os testemunhos e os novos e tendo sido muito mais pobres e muito menos ilustres no passado, conseguiram realizar mais plenamente suas potencialidades dentro da civilização industrial.

Essas diferenças de desempenho se explicam, em parte, pelos respectivos processos de formação. Os povos transplantados apenas prosseguiram no além-mar o gênero de vida que tinham na Europa, realizando potencialidades da civilização a que pertenciam, dentro dos amplos espaços que foram conquistando. Os povos testemunho se constituíram, ao contrário, com sobreviventes de civilizações originais cujas populações experimentaram terríveis hecatombes com a invasão europeia. Os povos novos se edificaram pela mestiçagem de negros importados com índios tribais e uns poucos brancos desgarrados, todos desculturados de sua matriz original e aculturados numa versão subalterna da cultura do colonizador.

Acresce, ainda, que, ao revés do que sucedia nas colônias de povoamento dos povos transplantados, onde, de ordinário, a população produzia o que consumia, vendendo o excedente, e se abria ao imigrante a possibilidade de ser um granjeiro livre, nas áreas de avassalamento e escravização dos povos novos a força de trabalho engajada para produzir o que não consumia era menos um povo com direitos do que uma mera mão de obra escrava, tratada como um bestiário. De fato, o nativo e o negro sempre foram tratados como uma fonte de energia que se desgastava, queimando-a na produção, como depois se passou a queimar o carvão.

Refiro-me sempre às explicações do atraso incorporadas à ideologia das elites latino-americanas. Ao longo das décadas e dos séculos, elas se consolam com a ideia de que o subdesenvolvimento de seus países tinha causa no clima tropical, insofrível, e na descontrolada mestiçagem com raças inferiores, inaptas para a civilização. Sem questionar essas consolações, acresciam-lhes outras vicissitudes: por exemplo, a religião católica, também imprópicia ao progresso. Outra infelicidade latino-americana seria a herança ibérica, culpada da intolerância inata desses povos exóticos dos confins do Mediterrâneo, mais africanos que europeus. Muitos lamentam até a expulsão dos franceses e holandeses da América do Sul ou creem que somos povos jovens que, um dia, em algum futuro, amadureceremos.

Ultimamente esse discurso consolador começou a ser contestado. Alguém percebeu que bom mesmo para se viver é o trópico. Outros demonstraram que quem trabalha mesmo de sol a sol em nossos países, edificando quanto se constrói, cultivando tudo que se planta, fabricando quanto se fabrica, é só preto, mestiço e branco pobre, que, afinal, é a mesma coisa.

As demais causas e culpas alegadas do nosso atraso foram sendo desmoralizadas. Uns, olhando para a França e a Itália católicas, percebem que elas não são propriamente subdesenvolvidas. Turistas nossos visitando o batavo Suriname ou a gala Caiena viram que a colonização holandesa e a francesa não maravilhavam ninguém. O final das consolações se deu quando algum malvado descobriu que a América do Norte é cem anos mais jovem que nós.

Caiu-se, desde então, na suspeita de que a culpa casual do atraso, não sendo atribuível ao povo feio, pobre e ignorante, bem pode residir nos ricos, bonitos e educados.

Nos projetos de ordenação de nossas sociedades nacionais que eles formularam, regeram e regem desde sempre, e que sempre foram gratificantes e lucrativos para eles próprios, talvez resida a verdadeira causa do nosso atraso.

Desafios cruciais

No passo à civilização emergente surgem outros problemas socioculturais, tão complexos como as rebeliões étnicas e de caráter mais geral. Assim é que às tensões já referidas se somam múltiplos desafios. Alguns deles, de natureza similar aos conflitos interétnicos, concernem às correntes desencontradas de forças transformadoras que se entrechocam, avançando e recuando como águas tumultuosas. Um bom exemplo nos é dado pelas campanhas simultâneas de descolonização das antigas áreas de dominação europeia — já por si complexa — e de destribalização dos povos que caíram sob o domínio das burocracias dos novos estados autônomos. Para estas, algumas vezes, fazer pátria — edificar a nação — é só superar a tribalidade. Vale dizer: avançar mais ainda na ocidentalização.

Por razoáveis que pareçam as esperanças de dar a seus povos acesso à "cultura" e aos benefícios "técnicos" da civilização, essa política pode e até tende a conduzir ao desastre. Primeiro, porque do ponto de vista desses povos tribais — e do interesse humano que é o de preservar as poucas caras que restam de gentes não europeizadas — não há por que preferir sua negação, sob as novas lideranças nativas, ao avassalamento anterior debaixo do mando de régulos coloniais.

Há séculos, quando da independência das Américas, muitos grupos indígenas prefeririam ter ficado debaixo da dominação espanhola — com que haviam aprendido a conviver num *modus vivendi* precário, mas viável —, tamanho foi o furor civilizatório dos novos senhores crioulos em promover a modernização de seus países a fim de desindianizá-los.

Com efeito, um verdadeiro pendor etnocida se observa às vezes em lideranças descolonizadoras e até revolucionárias que, em nome do progresso, aceitam o papel de novos agentes de europeização. Seus argumentos sobre as vantagens inegáveis de difundir o uso de uma língua "culta", por exemplo, mal disfarçam a esperança de que as línguas tribais desapareçam. Ao programar o "desenvolvimento", veem nos povos tribais obstáculos intoleráveis a uma modernização que desejam impor urgentemente.

Esses sôfregos modernizadores se esquecem de que sobre seus povos já se exerceram todas as brutalidades desenraizadoras, e se exerceram sem peias, apelando tanto para armas biológicas como guerreiras, sociais e ideológicas. Os povos que a elas resistiram e sobreviveram continuarão resistindo, mesmo porque o futuro será provavelmente menos propenso à brutalidade que o passado colonial escravista.

Todo o conhecimento comparado de situações semelhantes já ocorridas nos autoriza a asseverar que — a menos que se apele para o genocídio mais cruel — no futuro haverá mais gentes com identidades étnicas diferenciadas do que existem hoje, que elas continuarão falando suas línguas e serão mais afirmativas de sua singularidade étnico-cultural. Como o inevitável, se não é o melhor, é pelo menos o mais dissuasivo, o recomendável é favorecer essa tendência para não condenar povos já tão sofridos a um sofrimento ainda maior.

Acresce que, até agora, ser um povo tribal ou minoritário implicava ser atrasado, dado o caráter da dominação exógena que se exercia sobre eles. No futuro não precisa ser assim. Ninguém diria de alguém que só por ser galês ou basco ande descalço e seja ignorante.

Nas nações independentes desde há séculos, também se registraram tensões desculturativas da mesma índole, ainda que diferentes. Esse é o caso, por exemplo, da urbanização caótica e da marginalização consequente da população da América Latina. Milhões de lavradores desalojados por força de uma política socialmente irresponsável de modernização capitalista de agricultura se veem lançados em cidades tão despreparadas para recebê-los como eles estão despreparados para nelas viver.

Criou-se, assim, um problema de dimensões imensas. Hoje, cidades como Montevidéu e Buenos Aires absorvem a maior parte da população de seus países. A Cidade do México e Caracas caminham no mesmo rumo. São Paulo e Rio de Janeiro são várias vezes maiores do que Paris e Roma, embora contem com dez vezes menos serviços urbanos. E querem continuar crescendo. O que se processa nessas metrópoles é uma suburbanização desvairada de dimensão exponencial por seu gigantismo. É uma inchação enfermiça que degrada a vida de todos os que nelas vivem.

Enquanto estavam mergulhadas na vida rural, essas populações exerciam um gênero de vida que criaram depois de séculos de esforços, regido por calendários de trabalho e de festas, contando com seus próprios estilos de folguedos, estruturados em famílias madricêntricas que, apesar de precárias, conseguiam formar os filhos na tradição dos pais e fazer deles pessoas capazes de falar a língua, de usar os instrumentos de trabalho, de amar a vida, de procriar e de conviver solidariamente.

Posta nas favelas das grandes cidades ou em vilas detritárias que só comportam velhos, crianças e desempregados, essa população se urbanizou conservando-se rurícola. Sua cultura tradicional, não sendo desempenhável ali, não pôde ser transmitida aos filhos. Estes, não tendo também escolas apropriadas onde aprendam o modo urbano de viver, caem na marginalidade e se formam é na delinquência. O que se pode esperar disso senão uma futura guerra das forças armadas contra delinquentes juvenis em nações onde as massas marginalizadas se contam por centenas de milhões como na América Latina e em todo o Terceiro Mundo?

Essas populações desculturadas de sua cultura original e não introduzidas na nova cultura urbana e letrada são bombardeadas por prodigiosos sistemas de comunicação de massa. O rádio e a televisão, operando frenéticos, as chamam insistentemente a um consumo que não está ao seu alcance e a um erotismo que só podem exercer pela violência. Para onde vamos?

Na Europa mais próspera, situações semelhantes são vividas pelas massas de milhões de trabalhadores estrangeiros instalados com suas famílias em diversos países, oriundos de zonas rurais de Portugal, da Espanha, da Turquia etc. Essa gente, que só interessava aos que a importaram como mão de obra barata, foi urbanizada, desenraizada do seu arcaico mundo nativo e culturalmente refeita. Hoje essas pessoas constituem novas minorias étnicas emergentes. Por agora, lutam no plano sindical por direitos iguais aos dos trabalhadores nacionais. Amanhã, convencidas de que não poderão, não saberão, nem quererão retornar a seus países de origem, vão lutar é por cidadania e igualdade cívica.

Revoluções culturais

Cumpre, finalmente, focalizar os desafios culturais que decorrem mais diretamente da revolução tecnológica, vale dizer, da introdução maciça no pós-guerra de inovações técnicas de base científica na produção, na guerra, na administração, na comunicação e na informação. Nunca o mundo dos homens experimentou transformações tão radicais em tão curto prazo. Tão grandes que afetaram tudo: as noções de tempo e de espaço, os modos de ser homem e mulher ou criança, jovem e velho, as rotinas de exercício de todas as profissões, os estilos de ação social, política, religiosa, intelectual. Tudo.

Algumas dessas mudanças se concatenam em linhas discerníveis que potencializam as tensões já referidas e provocam outras. Em certos casos, elas se configuram como movimentos sociais de vigor crescente, destinados a provocar novas transformações radicais. Em outros casos, desencadeiam verdadeiras revoluções culturais de potencial tão tremendo que seguramente darão nascimento a uma nova civilização.

Está no primeiro caso, por exemplo, o *movimento verde*, como expressão social da consciência que se generalizou sobre o caráter catastrófico do sistema produtivo atual. De repente se tornou visível para todos que os homens estão destruindo seu próprio nicho habitacional. Consomem-se aceleradamente bens escassos sem os quais a civilização ficaria paralisada. Destroem-se na produção as bases mesmas da produtividade.

O assombro diante dessas evidências desencadeou as campanhas ecológicas que pretendem fazer frente à aparentemente inelutável propensão corruptora da economia mundial moderna. É evidente, entretanto, a desproporção entre aquelas forças destrutivas e as fracas mãos que se alçam contra elas.

Enquanto as florestas são destruídas pelo fogo e pelos desfolhantes para fazer lenha ou plantar capim, as águas são poluídas e a vida animal é envenenada e morta, uns rapazes românticos fazem passeatas e, depois, dormem tranquilos. Todos nós começamos a conceber como será cinzento o mundo dos filhos de nossos netos: cinzento e tóxico, irrespirável. Tememos que eles próprios — nossos netos — sejam esverdeados e mais parecidos com rãs do que com crianças. Mas somos ou nos declaramos impotentes. Países há — como o meu — cujos dirigentes até pedem fábricas corruptoras, porque amam mais a pecúnia do que a vida.

Bem sabemos que o homem é uma espécie de bolor feroz que deu no mundo. Acabou com milhões de plantas para só deixar nascer pastos de bois e comidas de gentes, liquidou quase todos os milhares de espécies de animais, trocando-as por galinhas e bodes. Sim, essa é a nossa tradição. O novo é que, agora, frente à visão do desastre iminente, começamos a suspirar por uns céus azuis de ares lavados. Queremos águas cristalinas, florestas virgens e bicharadas louçãs. O diabo é que por esses bens supremos apenas suspiramos no nível da poesia ou da prece. Enquanto isso, no mundo das coisas reais, onde nosso destino é decidido, a ordem é corromper a vida até a morte.

Outro foco de mudanças que apenas começa a revelar suas imensas potencialidades transformadoras é o *movimento feminista*. O ingresso em massa das mulheres na força de trabalho urbano remunerado e a liberação de seus corpos — através da pílula — para um erotismo novo e florescente são uma das principais forças inovadoras deste fim de milênio.

Entre uma mulher jovem e sua mãe, hoje, a distância cultural é comparável à de mulheres de distintas civilizações. Seus corpos de valores se chocam francamente. Seus hábitos e estilos de conduta contrastam cruamente. Suas expectativas e aspirações se opõem escandalosamente. A nova mulher está reinventando a si mesma, bem como às instituições a que esteve sempre atrelada, principalmente a família.

Também as formas de relação entre homens e mulheres e seus papéis recíprocos estão mudando aceleradamente. O pai de família patriarcal ou o antigo marido machista estão dando lugar a companheiros mais fraternos e dóceis.

Surge assim um novo jeito de ser macho a que os homens vão se conformando, gostem ou não gostem. Já é notório que os casais que encarnam o novo estilo encontram fontes de amor impensáveis na antiga relação assimétrica.

Homens e mulheres, ao mesmo tempo em que aprendem a se amar mutuamente de forma mais profunda e mais gozosa, tornam-se menos repressivos para com as minorias que têm talentos alternativos para outras formas de relação e satisfação. Mulheres se acasalam. Homens se emparelham. Mulheres se associam em casas comunais onde a presença eventual do homem é mais a de um amante que a de um marido.

Essa mulher nova que invadiu as fábricas e os escritórios, as universidades, as ruas e até os bares é uma pioneira em combate. Reclama por creches onde deixar os filhos enquanto trabalha. Revolta-se contra a exploração dos traficantes do aborto. Só não se livra da tirania da moda mercantilizada e da indústria estandardizada da beleza, a que paga pesado ônus.

Eclode hoje também um *movimento humano* relacionado com a *obsolescência* irremediável dos edificadores básicos da personalidade e com os ordenadores fundamentais da conduta humana. Nós, que quase nada sabemos sobre eles — no máximo suspeitamos que existem e os designamos com expressões alegóricas como "complexo de Édipo" ou de "Electra" ou como "tabus de incesto" —, estamos desafiados a refazê-los. Tamanha é, entretanto, a nossa ignorância que não podemos passar sem essas alegorias para nos referirmos a alguns dos componentes mais vetustos da conduta humana. Suspeitamos que eles constituem mesmo atos inaugurais da construção da cultura, sem os quais uma sociedade humana não seria praticável. Assim é porque, inegavelmente, eles aí estão, espantosamente vivos e atuantes, ainda que já se veja que começam a ser debilitados e talvez até estejam feridos de morte.

Aqueles complexos, lidos na singeleza do convívio da antiga família vienense de classe média — e que não são nem sequer generalizáveis a povos extraeuropeus, onde faltam até mesmo as posições polares em que eles se assentam —, continuam, efetivamente, de referência útil, senão indispensável, na descrição da estrutura da personalidade e no diagnóstico de alguns de seus traumas habituais.

O mesmo sucede com o tabu do incesto, que, parecendo ser tão só um veto ao intercurso sexual entre certas ordens de parentes — as quais, aliás, variam de uma sociedade a outra —, é de fato a lei fundamental que viabiliza a família e permite o florescimento da cultura. Com efeito, é ele que impõe a paz entre os machos do bando e, compelindo os grupos a quebrarem o isolamento e se comunicarem entre si na busca de fêmeas fodíveis, propicia o intercâmbio cultural. É igualmente crassa a nossa ignorância sobre essa alegoria sem a qual a vida social é impensável. Mas que nós vemos debilitar debaixo de nossos olhos.

O inegável é que as sociedades humanas mais complexamente estruturadas perdem aceleradamente a singela capacidade que cada tribo ou aldeia tinha de fazer homens e mulheres contentes de ser isso mesmo, tementes a Deus e às autoridades. Perdem igualmente o talento de conviver se controlando e mexericando, mas se apoiando reciprocamente. Perdem até o gosto de viver com os próprios desejos e ascos, sem necessidade de drogas tranquilizantes e dopantes nem de psicanalistas.

É notório que aqueles instrumentos da sociabilidade humana, com base nos quais a vida societária se tornou viável, estão ameaçados de ser desativados para dar lugar a outros meios de estruturação da família, da sociedade e da personalidade. Estamos desafiados a substituí-los por recursos ainda mais artificiais e intencionais de modelação da sociedade. Quais?

É verdade que não foi nenhum desastre, no passado, o homem abandonar a coleta de frutos, onde o acaso da natureza os fez crescer, substituindo-os por cultivos. Também só foi vantajoso trocar a caça errática pela criação de animais. Agora, porém, se trata de refazer a própria condição humana, de reinventar o próprio homem como projeto, de programar nossos netos. Seremos capazes?

Conforme se verifica, estamos diante de nada menos que uma *revolução humana*, ou seja, de ter que dar um novo passo crucial na evolução da espécie no curso do último milhão de anos. Com ele se coroa ou se esboroa a desventurada aventura por meio da qual construímos a nós mesmos por meio de três passos essenciais, cada um dos quais representou uma alienação total em que o homem perdeu seu ser, seguida de uma desalienação em que se refez, transfigurando-se completamente.

Através da primeira alienação, nos desatrelamos da cômoda segurança da sabedoria biológica escrita nos cromossomos para depender de formas inventadas, artificiais, de conduta: nascia a cultura.

No segundo movimento de alienação, íntegros homens tribais, sendo avassalados, perderam seu ser, sua liberdade, sua autenticidade, ao se verem coisificados como uma mera força de trabalho escrava, serva ou assalariada, posta a serviço da riqueza ou da glória de outros: nasciam a estratificação social, a sociedade de classes e, com elas, a civilização.

A terceira alienação, da qual somos os protagonistas, transcorre hoje. O homem residual que somos, produto das próprias desventuras históricas, é desafiado a reinventar a si mesmo. O que está nascendo? É muito difícil prever. Mais difícil ainda do que foi prefigurar no curso da primeira Revolução Industrial como seríamos nós, os netos que ela estava gerando. Será um mundo de paz?

O *movimento pacifista*, ainda débil, tem potencialidades imensas porque se assenta na consciência generalizada de que uma nova guerra seria a última guerra. É muito provável, porém, que a ameaça aterrorizadora dessa guerra terminal seja menor do que a ameaça de uma paz definitiva. Uma nova guerra mundial ou mesmo uma guerra local com um uso pleno das armas disponíveis seria, provavelmente, a última guerra. O poder de destruição física, de corrupção genética e de alucinação psíquica, tanto das armas nucleares como das químicas e das biológicas, ameaça encerrar a aventura humana.

O espantoso é que, diante de uma ameaça tão terrível e tão iminente, a humanidade seja tão incapaz de autodefesa. As organizações internacionais, as igrejas ecumênicas, as instituições que agrupam intelectuais, os movimentos pacifistas parecem todos ridiculamente débeis diante do poderio dos senhores da guerra. Acho até que as campanhas pacifistas com que se procurou evitar a primeira e a segunda guerras mundiais foram mais vigorosas que as atuais, dado o vulto das ameaças que se enfrentavam. Por quê?

A propensão para a guerra terminal, que parece torná-la iminente e inevitável, decorre tanto de fatores políticos como econômicos muito mais poderosos que as correntes de opinião que incentivam os movimentos pacifistas. Quase todos acham que virá essa terceira guerra, que será a Guerra do Fim do Mundo, porém todos sabemos que ela exterminará a espécie humana ou a deformará irremediavelmente, mas nosso sentimento é menos de revolta ativa do que de impotência.

Essa passividade só se explica pelo fato de que uma paz duradoura — e, pior ainda, uma paz definitiva — é vista como mais desastrosa do que uma guerra, para muitos dos condutores dos centros mundiais de decisão. Aqui, outra vez, fatores econômicos concernentes relativos à viabilidade dos sistemas produtivos e fatores políticos relativos à afirmação de hegemonias continentais se conjugam para manipular o destino humano para além das raias da racionalidade.

O medo da paz une os senhores da guerra e os senhores do lucro, em sua perplexidade insensata. Como montar um mundo de paz? Proscritas as armas terminais por seu poderio fatal, voltaríamos às guerras convencionais, sem a bomba? Ou teremos mesmo de viver em paz? Se guerrearmos à moda antiga, a grande potência, de imediato, seria talvez a China, por sua capacidade de armar e de gastar quaisquer centenas de milhões de soldados. Até o Terceiro Mundo passaria talvez a ter algum valor estratégico por sua capacidade de conscrever enormes exércitos desgastáveis. Com que consequências? Uma hipótese menos feia e mais provável é a de guerras automáticas, feitas entre superartefatos cibernéticos autoguiados. Através deles, as grandes potências manteriam a paz entre si, mediante o poder de represália, e, simultaneamente, consolidariam sua hegemonia sobre o mundo subdesenvolvido. Seria uma nova e tétrica *pax romana*.

Chegamos assim ao outro motor de transformações radicais. Com efeito, a economia mundial entrou em paranoia; já não produz para o homem, produz para si própria. Tanto por suas qualidades essenciais, que são a prodigiosa produtividade e a inelutável propensão guerreira, como por sua consequência funcional, que é a incapacidade de implantar uma prosperidade generalizável a todos, a economia mundial — cuja racionalidade nunca foi humanitária — entrou em demência. Com efeito, nunca foram tão grandes e crescentes a prosperidade dos ricos e a pobreza dos pobres. Nunca as relações internacionais de intercâmbio foram tão desequilibradas e deformadas. Os povos pobres continuam subsidiando a riqueza dos povos ricos e se endividando astronomicamente.

No limite dessa tendência, se nela persistimos, teremos fabulosas empresas, totalmente automatizadas, esgotando os bens da Terra para produzir quantidades e variedades imensas de inutilidades: para nada! Os homens, a humanidade inteira, de braços cruzados, serão um inútil exército de reserva das forças produtivas, morrendo de fome.

No passado, sempre foi enorme a carência de mão de obra, sobretudo no mundo dos pobres. Para atendê-la, desgastaram-se no trabalho centenas de milhões de nativos e depois se importaram outros tantos como escravos e assalariados, negros e brancos. Hoje, o único fator de produção que não escasseia é a mão de obra. Aí está ela, multitudinária, se oferecendo por toda parte em troca de salários mais vis. E ninguém quer.

Nessas circunstâncias, outro desafio que se levanta e se destaca entre tantos, por sua potencialidade, é a ameaça da *revolução dos pobres* (Ribeiro, 1971). O socialismo que Marx prescreveu para os povos ricos, como coroamento e superação do capitalismo maduro, não medrou. Surgiu foi na casa dos pobres, onde o capitalismo fracassou. E surgiu para promover o desenvolvimento, alcançando nesse campo um êxito nada menos que extraordinário.

O capitalismo, por sua vez, reativado pelas empresas multinacionais com sua capacidade prodigiosa de inovação tecnológica e de exploração de recursos onde quer que eles se ofereçam, renova e reforça os vínculos de dependência dos povos pobres, tornando-os mais submissos e lucrativos que as antigas colônias.

A sua debilidade reside na incapacidade das empresas multinacionais de promover a abundância, porque ela não é conciliável com o lucro. Isso é o que tende a tornar o socialismo do atraso uma atração irresistível para o Terceiro Mundo, onde povos que somam bilhões de almas com bocas vorazes aspiram por uma pequena e modesta utopia inalcançável.

O que pedem não é mais do que um emprego regular e modesto para cada homem e cada mulher adultos. É que todos comam todo dia. É que cada criança frequente uma escola eficaz para um curso primário completo. É que, nas doenças mais graves, se conte com um médico e com remédios gratuitos. É, afinal, que uma casa modesta abrigue cada família. Não há, porém, qualquer dúvida de que essa utopia singela excede tudo o que pode prometer à humanidade a economia mundial vigente. A continuar rodando pelos mesmos trilhos em que estamos, a situação dos povos pobres só tende a se agravar. Com que consequências?

É certo, todos sabemos, que o pauperismo não faz revoluções sociais. Tanto mais porque ao poderio econômico das empresas multinacionais já corresponde um poder multinacional capacitado para desestabilizar governos e implantar ditaduras onde quer que seus interesses sejam ameaçados. Conforme vimos, isso é o que sucede, hoje, na América Latina, cuja nova safra de ditaduras regressivas e repressivas foi implantada por esse poder multinacional, mancomunado com as velhas classes dominantes nativas.

A maior ameaça que pesa hoje sobre a humanidade — ameaça que, felizmente, não é fatal nem inevitável — é, pois, a de mergulhar mais ainda na penúria até a exaustão, numa era de fome e de estupidificação. Tudo isso apenas para que os povos ricos fruam a riqueza acumulada e reativem uma civilização obsoleta, sem causa, sem missão nem apetite senão o de enricar. Sua última grandeza será a de endurecer os corações e tapar os ouvidos para assistir, impávida, à humanidade morrer de fome.

Essas são, a meu ver, algumas das questões cruciais que a *civilização emergente* coloca diante do homem. Como as resolverá, eu não sei. Sei apenas que a vida dos povos pobres será uma árdua e bela batalha por ideais muito concretos. Aqui, na calota de baixo do planeta, ninguém engordará inútil nem se suicidará de tédio.

Referências

RIBEIRO, Darcy. *Las Américas y la Civilización*. Buenos Aires: Ceal, 1969 [Ed. bras.: *As Américas e a civilização: processos de formação e causas do desenvolvimento desigual dos povos americanos*. Rio de Janeiro: Civilização Brasileira, 1970].

RIBEIRO, Darcy. *El dilema de América Latina*. México: Siglo XXI, 1971. [Ed. bras.: *O dilema da América Latina: estruturas de poder e forças insurgentes*. Rio de Janeiro: Vozes, 1971].

O povo brasileiro (1995)

O povo brasileiro (1995) é provavelmente a obra magna de Darcy Ribeiro, o resultado de um projeto iniciado várias décadas antes e até então incompleto. Segundo o autor relata no prefácio do livro, a primeira tentativa do que seria uma síntese do Brasil (na melhor tradição dos ensaios de interpretação do país recorrentes no período) ocorreu em meados dos anos 1950, quando Darcy trabalhava no Centro Brasileiro de Pesquisas Educacionais (CBPE) do Ministério da Educação. Foi abandonado quando o autor recebeu do presidente Juscelino Kubitschek a incumbência de projetar e implantar a Universidade de Brasília (UnB).

O projeto foi retomado após o golpe de 1964, no exílio uruguaio. Aí o livro já seria um balanço do processo histórico que culminou naquela derrota, procurando responder à pergunta: "Por que o Brasil ainda não deu certo?". O resultado não satisfez Darcy, segundo ele por "falta de uma teoria geral". Desse modo, foi arquivado para as buscas teóricas que o levaram a escrever seus clássicos livros do fim dos anos 1960 e início dos 1970. O último livro da pentalogia (*Os brasileiros: teoria do Brasil*) poderia ser interpretado como uma introdução teórica a esta obra, enfim retomada no exílio peruano. No entanto, a forma final ainda não satisfez ao autor, que guardou o escrito principal para retomá-lo "dali a uns meses". Nesse intervalo, porém, descobriu um câncer aparentemente terminal, retornou ao

Brasil, voltou a se envolver com a militância política e adicionalmente com a elaboração de seus quatro romances.

Por fim, quando se descobriu novamente com câncer em 1995, Darcy fugiu do hospital para retomar a obra em sua casa de praia em Maricá. Ali deu forma final ao que seria intitulado então *O povo brasileiro*. Nele, o Brasil e a América Latina recebem sua definitiva caracterização como civilização do futuro, construída na "mais bela e luminosa província da Terra".

I. O novo mundo

3. O processo civilizatório

O barroco e o gótico

Dois estilos de colonização se inauguram no norte e no sul do Novo Mundo. Lá, o gótico altivo de frias gentes nórdicas, transladado em famílias inteiras para compor a paisagem de que vinham sendo excluídos pela nova agricultura, como excedentes de mão de obra. Para eles, o índio era um detalhe, sujando a paisagem que, para se europeizar, devia ser livrada deles. Que fossem viver onde quisessem, livres de ser diferentes, mas longe, se possível para outro além-mar, Pacífico adentro.

Cá, o barroco das gentes ibéricas, mestiçadas, que se mesclavam com os índios, não lhes reconhecendo direitos que não fosse o de se multiplicarem em mais braços, postos a seu serviço. Ao apartheid dos nórdicos, opunham o assimilacionismo dos caldeadores.

Um é a tolerância soberba e orgulhosa dos que se sabem diferentes e assim querem permanecer. Outro é a tolerância opressiva, de quem quer conviver reinando sobre os corpos e as almas dos cativos, índios e pretos, que só podem conceber como os que deverão ser, amanhã, seus equivalentes, porque toda a diferença lhe é intolerável.

Atuando com a ética do aventureiro, que improvisa a cada momento diante do desafio que tem de enfrentar, os iberos não produziram o que quiseram, mas o que resultou de sua ação, muitas vezes desenfreada. É certo que a colonização do Brasil se fez como esforço persistente, teimoso, de implantar aqui uma europeidade adaptada a esses trópicos e encarnada nessas mestiçagens. Mas esbarrou, sempre, na resistência birrenta da natureza e nos caprichos da história, que fez a nós mesmos, apesar daqueles desígnios, tal qual somos, tão opostos a branquitudes e civilidades, tão interiorizadamente deseuropeus como desíndios e desafros.

Aqueles senhores góticos, que de suas novas pátrias não esperavam riquezas, se deram terras para viverem probas existências camponesas. Como não havia que sujeitá-los ao mundo europeu, porque de lá saíram, nem era necessário sujeitá-los ao trabalho escravo, porque eram incapazes de produzir qualquer mercadoria prestante, lhes deram terra e liberdade.

Nada disso ocorre no mundo barroco. Aqui, a Europa se defronta com multidões de povos exóticos, selvagens uns, civilizados outros, que podiam ser mobilizados como a mão de obra indispensável para gerar riquezas que ali estavam, à vista, ou que facilmente se podiam produzir.

Aqui, nenhuma terra se desperdiça com o povo que se ia gerando. De toda ela se apropria a classe dominante, menos para uso, porque é demasiada demais, mas a fim de obrigar os gentios subjugados a trabalhar em terra alheia. Nenhuma liberdade se consente, também, porque se trata com hereges a catequizar, livrando-os da perdição eterna.

Nada mais natural do que pensar assim para um ibero que acabava de expulsar os hereges sarracenos e judeus, que os haviam dominado por séculos. Ainda com o fervor das cruzadas gloriosas contra os mouros, eles se assanharam, aqui, contra o gentio americano. O próprio Estado assume funções sacerdotais, expressamente conferidas pelo papa, para cumprir seu destino de Cidade de Deus contra a Reforma europeia e contra a impiedade americana. Para tanto, chega a transferir às coroas ibéricas o mais importante de seus privilégios, que era o padroado papal, dando-lhes o direito de nomear, transferir e revogar bispados e outras autoridades eclesiásticas. Em contraparte, pelo que Deus lhes dava em riqueza e em vassalos nas antípodas, Roma lhes sacramenta a possessão dos novos mundos com a condição de que prossigam sobre eles a guerra dos mouros, na guerra e na conversão dos novos infiéis recém-descobertos. Quem sabe até para transformá-los, através de seus evangelizadores, na cristandade terminal.

Em consequência, cá, em nosso universo católico e barroco, mais do que lá, no seu mundo reformista e gótico, as classes dirigentes tendem a definir-se como agentes da civilização ocidental e cristã, que, se considerando mais perfeitos, prudentes e pios, se avantajavam tanto sobre a selvageria que seu destino era impor-se a ela como o domínio natural dos bons sobre os maus, dos sábios sobre os ignaros. Essa dominação se alcança pela ação da guerra, pela inteligência nos negócios, pela conscrição para o trabalho e pelo refúgio na missão. A seu ver, estavam, simplesmente, forçando aquela indianidade inativa a viver um destino mais conforme com a vontade de Deus e a natureza dos homens. O colono se enriquecia e os trabalhadores se salvavam para a vida eterna.

Era a dialética do senhorio natural do cristão contra a servidão, natural também, do bárbaro. Com o passar das eras, este acabaria por sair da infância pagã, da indolência inata, da lubricidade e do pecado.

Ideologia nenhuma, antes nem depois, foi tão convincente para quem exercia a hegemonia, nem tão inelutável para quem a sofria, escravo ou vassalo. Desapossados de suas terras, escravizados em seus corpos, convertidos em bens semoventes para os usos que o senhor lhes desse, eles eram também despojados de sua alma. Isso se alcançava através da conversão que invadia e avassalava sua própria consciência, fazendo-os verem a si mesmos como a pobre humanidade gentílica e pecadora que, não podendo salvar-se neste vale de lágrimas, só podia esperar, através da virtude, a compensação vicária de uma eternidade de louvor à glória de Deus no Paraíso.

Tal é a força dessa ideologia que ainda hoje ela impera, sobranceira. Faz a cabeça do senhorio classista convencido de que orienta e civiliza seus serviçais, forçando-os a superar sua preguiça inata para viverem vidas mais fecundas e mais lucrativas. Faz, também, a cabeça dos oprimidos, que aprendem a ver a ordem social como sagrada e seu papel nela prescrito de criaturas de Deus em provação, a caminho da vida eterna.

Essas linhas de formação correspondem, no lado nórdico, à formação de um povo livre, dono do seu destino, que engloba toda a cidadania branca. No nosso Sul, o que se engendra é uma elite de senhores da terra e de mandantes civis e militares, montados sobre a massa de uma subumanidade oprimida, a que não se reconhece nenhum direito. A evolução de uma e outra dessas formações dá lugar, nas mesmas linhas, de um lado, ao amadurecimento de uma sociedade democrática, fundada nos direitos de seus cidadãos, que acaba por englobar também os negros. Do lado oposto, uma feitoria latifundiária, hostil a seu povo condenado ao arbítrio, à ignorância e à pobreza.

No plano histórico-cultural, os nórdicos realizam algumas das potencialidades da civilização ocidental, como extensão sensaborona e legítima dela. Nós, ao contrário, somos a promessa de uma nova civilização remarcada por singularidades, principalmente africanidades.

Já por isso, aparecemos a olhos europeus como gentes bizarras, o que, somado à nossa tropicalidade índia, chega para aqueles mesmos olhos a nos fazer exóticos.

Não somos e ninguém nos toma como extensões de branquitudes, dessas que se acham a forma mais normal de se ser humano. Nós não. Temos outras pautas e outros modos tomados de mais gentes. O que, é bom lembrar, não nos faz mais pobres, mas mais ricos de humanidades, quer dizer, mais humanos. Essa nossa singularidade bizarra esteve mil vezes ameaçada, mas afortunadamente conseguiu consolidar-se. Inclusive quando a Europa derramou multidões de imigrantes que acolhemos e até o grande número de orientais adventícios que aqui se instalaram. Todos eles, ou quase todos, foram assimilados e abrasileirados.

[...]

II. Gestação étnica

2. Moinhos de gastar gente

Os afro-brasileiros

Apresado aos quinze anos em sua terra, como se fosse uma caça apanhada numa armadilha, ele era arrastado pelo pombeiro — mercador africano de escravos — para a praia, onde seria resgatado em troca de tabaco, aguardente e bugigangas. Dali partiam em comboios, pescoço atado a pescoço com outros negros, numa corda puxada até o porto e o tumbeiro. Metido no navio, era deitado no meio de cem outros para ocupar, por meios e meio, o exíguo espaço do seu tamanho, mal comendo, mal cagando ali mesmo, no meio da fedentina mais hedionda. Escapando vivo à travessia, caía no outro mercado, no lado de cá, onde era examinado como um cavalo magro. Avaliado pelos dentes, pela grossura dos tornozelos e dos punhos, era arrematado. Outro comboio, agora de correntes, o levava à terra adentro, ao senhor das minas ou dos açúcares, para viver o destino que lhe havia prescrito a civilização: trabalhar dezoito horas por dia, todos os dias do ano. No domingo, podia cultivar uma rocinha, devorar faminto a parca e porca ração de bicho com que restaurava sua capacidade de trabalhar no dia seguinte até a exaustão.

Sem amor de ninguém, sem família, sem sexo que não fosse a masturbação, sem nenhuma identificação possível com ninguém — seu capataz podia ser um negro, seus companheiros de infortúnio, inimigos —, maltrapilho e sujo, feio e fedido, perebento e enfermo, sem qualquer gozo ou orgulho do corpo, vivia a sua rotina. Esta era sofrer todo o dia o castigo diário das chicotadas soltas, para trabalhar atento e tenso. Semanalmente vinha um castigo preventivo, pedagógico, para não pensar em fuga, e, quando chamava atenção, recaía sobre ele um castigo exemplar, na forma de mutilações de dedos, do furo de seios, de queimaduras com tição, de ter todos os dentes quebrados criteriosamente, ou dos açoites no pelourinho, sob trezentas chicotadas de uma vez, para matar, ou cinquenta chicotadas diárias, para sobreviver. Se fugisse e fosse apanhado, podia ser marcado com ferro em brasa, tendo um tendão cortado, viver peado com uma bola de ferro, ser queimado vivo, em dias de agonia, na boca da fornalha ou, de uma vez só, jogado nela para arder como um graveto oleoso.

Nenhum povo que passasse por isso como sua rotina de vida, através de séculos, sairia dela sem ficar marcado indelevelmente. Todos nós, brasileiros, somos carne da carne daqueles pretos e índios supliciados. Todos nós brasileiros somos, por igual, a mão possessa que os supliciou. A doçura mais terna e a crueldade mais atroz aqui se conjugaram para fazer de nós a gente sentida e sofrida que somos e a gente insensível e brutal, que também somos. Descendentes de escravos e de senhores de escravos seremos sempre servos da malignidade destilada e instalada em nós, tanto pelo sentimento da dor intencionalmente produzida para doer mais, quanto pelo exercício da brutalidade sobre homens, sobre mulheres, sobre crianças convertidas em pasto de nossa fúria.

A mais terrível de nossas heranças é esta de levar sempre conosco a cicatriz de torturador impressa na alma e pronta a explodir na brutalidade racista e classista. Ela é que incandesce, ainda hoje, em tanta autoridade brasileira predisposta a torturar, seviciar e machucar os pobres que lhes caem às mãos. Ela, porém, provocando crescente indignação, nos dará forças, amanhã, para conter os possessos e criar aqui uma sociedade solidária.

[...]

III. Processo sociocultural

5. Ordem *versus* Progresso

Transfiguração étnica

Vivemos, hoje, às vésperas de transformações ainda mais abrangentes, porque surge no horizonte outra revolução tecnológica mais radical que as anteriores. Se uma vez mais nos deixarmos fazer consumidores de seus frutos, em lugar de dominadores de sua tecnologia nova, as ameaças sobre a nossa sobrevivência e sobre a soberania nacional serão ainda mais intensas. As classes dominantes e seus porta-vozes já definiram seu projeto de continuidade através das transformações estratégicas. Tal é o discurso neoliberal e privatista, unanimemente defendido e propagado por toda a mídia e apoiado enfaticamente por todas as forças da direita.

No plano cultural, as duas etapas formativas compreendem, respectivamente, uma cultura colonial, que floresce e se arcaíza, e uma cultura renovada, que surge por modernização. Ambas remarcadamente espúrias. A cultura brasileira tradicional, que animava os núcleos coloniais, era já uma cultura da civilização que, correspondendo a uma formação social urbana e estratificada, se desdobrava em uma esfera erudita e outra vulgar com variantes rurais e citadinas.

A camada senhorial, integrada pelo patronato de empresários e pelo patriciado de clérigos e burocratas civis e militares, todos eles urbanos, integra a sociedade total como um dos seus elementos constitutivos, mas opera como uma parcela diferenciada no plano cultural, tanto da cultura vulgar da cidade como do campo. Participando, embora, dos folguedos populares, por exemplo, o faziam antes como patrocinadores do que como integrantes em comunhão funcional com as crenças populares. Na verdade, essa camada senhorial constitui um círculo fechado de convívio eurocêntrico, que mais cultua a moda que seus próprios valores hauridos no acesso ao centro metropolitano, onde, bem ou mal, se faz herdeira da literatura, da música, das artes gráficas e plásticas, bem como de outras formas eruditas de expressão de uma cultura que, apesar de alheia, passaria a ser a sua própria.

Todo esse processo se agrava, movido em nossos dias pela força prodigiosa da indústria cultural que, através do rádio, do cinema, da televisão e de inúmeros outros meios de comunicação cultural, ameaça tornar ainda mais obsoleta a cultura brasileira tradicional para nos impor a massa de bens culturais e respectivas condutas que dominam o mundo inteiro. Nós, que sempre fomos criativos nas artes populares e de tudo que estivesse ao alcance do povo-massa, nos vemos hoje mais ameaçados do que nunca de perder essa criatividade em benefício de uma universalização de qualidade duvidosa.

Entretanto, sendo essa a cultura predominante, ela é que se expressa nos setores tecnologicamente mais avançados da produção, na arquitetura das casas senhoriais, nas fortificações e nos templos, bem como nas artes que os adornam.

Todos eles se edificam estilizados como implantações ultramarinas da civilização europeia, conformados de acordo com os estilos nela prevalecentes e que só incidentalmente se contaminam com elementos locais. Há, é certo, também no plano erudito, uma reação brasileira. Ela não é, porém, nenhum nativismo. Suas criações são conquistas do gênero humano que podiam ter surgido em qualquer parte, mas afortunadamente floresceram aqui, na construção de Brasília, na arquitetura de Oscar Niemeyer, na música de Villa-Lobos, na pintura de Portinari, na poesia de Drummond, no romance de Guimarães Rosa e uns tantos outros.

A cultura popular, assentada no saber vulgar, de transmissão oral, embora se dividisse em componentes rurais e urbanos, era unificada por um corpo comum de compreensões, valores e tradições de que todos participavam e que se expressavam no folclore, nas crenças, no artesanato, nos costumes e nas instituições que regulavam a convivência e o trabalho.

Frente a essa cultura popular, ou vulgar, mesmo a antiga cultura erudita — mais influenciada por concepções estrangeiras, mais receptiva a novos valores e a novas formas de expressão — contrastava com o "moderno" em face do arcaico. Nas cidades e vilas, essa modernidade impregnou desde cedo amplas parcelas da população, diferenciando-as das massas rurais por atitudes relativamente mais racionalistas, impessoais e menos conservadoras. Essas diferenciações na linha do rural e do urbano, do arcaico e do moderno, não negam, porém, o caráter espúrio de toda a cultura erudita e popular que corresponde a nosso ser de encarnação ultramarina e tropical da civilização ocidental. Cada gesto criativo nosso, uma vez esboçado, está condenado a cair nesse reduto, que é o universo a que pertencemos. Trata-se, portanto, para todos os artistas criadores, de um desafio que não é a busca do singular e do bizarro, e sim o esforço de ser o melhor do mundo.

Algumas das novas alterações transfigurativas servem de base a grandes esperanças. Primeiro que tudo, o acesso de todo o povo à civilização letrada e aos novos sistemas mundiais de intercomunicação cultural. Isso significa que a criatividade popular não se fará exclusivamente, doravante, no nível do futebol, da música e outros valores e tradições transmitidos oralmente pela população. Segundo, em razão da revolução da pílula e da liberação do orgasmo, que mudou radicalmente a posição da mulher na sociedade, convocando-a a continuar trabalhando como sempre fez, mas em melhores condições de existência.

O fundamental, porém, é que milagrosamente o povo, sobretudo o negro-massa, continua tendo erupções de criatividade. Esse é o caso do culto a Iemanjá, que em poucos anos transformou-se completamente. Essa entidade negra, que se cultuava a 2 de fevereiro na Bahia e a 8 de março em São Paulo, foi arrastada pelos negros do Rio de Janeiro para 31 de dezembro. Com isso aposentamos o velho e ridículo Papai Noel, barbado, comendo frutas europeias secas, arrastado num carro puxado por veados. Em seu lugar, surge, depois da Grécia, a primeira santa que fode. A Iemanjá não se vai pedir a cura do câncer ou da aids, pede-se um amante carinhoso e que o marido não bata tanto.

Comprimida por todas essas pressões transformadoras, a cultura popular brasileira tradicional, tornada arcaica, se vai transfigurando em novos moldes. Estes, embora correspondentes ao padrão "ocidental" comum às sociedades pós-industriais, assumem no Brasil qualidades peculiares relacionadas à especificidade do processo histórico nacional. Como essas variam por regiões, as áreas culturais operam como estruturas de resistência à mudança, num esforço de preservação de suas características. Mas elas só podem manter-se tradicionais como arcaísmos em relação ao que se tornara o perfil cultural predominante como obsolescência com respeito à nova economia prevalecente.

Todavia, forçadas pelas novas condições uniformizadoras, as antigas áreas culturais se vão tornando cada vez mais homogêneas, por imperativo do processo geral de industrialização que a todos afeta e em virtude da ação uniformizadora dos sistemas de comunicação de massas, que aproximam os gaúchos, do Sul, dos caboclos amazônicos e os fazem interagir reciprocamente e com respeito aos centros dinâmicos do processo de industrialização.

Isso significa que, apesar de tudo, somos uma província da civilização ocidental. Uma nova Roma, uma matriz ativa da civilização neolatina. Melhor que as outras, porque lavada em sangue negro e em sangue índio, cujo papel, doravante, menos que absorver europeidades, será ensinar o mundo a viver mais alegre e mais feliz.

[...]

IV. Os Brasis na história

O Brasil caboclo

A grande novidade com respeito aos povos que sobreviveram aos séculos de extermínio, até agora, é que vão sobreviver no futuro. Ao contrário do que temíamos todos, estabilizaram-se suas populações, e alguns povos indígenas estão crescendo em número. Jamais alcançarão o montante que tinham nos primeiros tempos da invasão europeia, perto de cinco milhões. Metade deles na Amazônia, cujos rios colossais abrigavam concentrações indígenas que pasmaram os primeiros navegantes. Foi realmente espantosa, até agora, a queda abrupta e contínua de cada população indígena que se deparava com a civilização. Mas veio a reversão, os índios brasileiros já superaram muito os 150 mil a que chegaram nos piores dias. Hoje, ultrapassam os trezentos mil, e esse número vai crescer substancialmente.

Arrefeceu-se, como se vê, o ímpeto destruidor da expansão europeia, e as populações indígenas, que decresciam visivelmente, parecendo tendentes ao extermínio, entram agora num processo discreto de crescimento demográfico. De fato, ninguém esperava por essa mudança afortunada.

Toda a antropologia brasileira e mundial repetia dados inequívocos que demonstravam como, a cada ano, diminuía o número de membros de cada tribo conhecida.

A morte parecia ser o destino fatal dos índios brasileiros e, de resto, dos demais povos chamados primitivos. De repente, começou a se ver a reversão desse quadro. Os Nambiquara passaram a crescer altivos e determinados a permanecer em suas terras a qualquer custo. Os Urubu-Kaapor, que chegaram a quatrocentos em 1980, hoje são setecentos. Os Munduruku já alcançam a casa dos cinco mil. Os Xavante, que eram 2.500 em 1946, somam oito mil hoje.

Alguns povos indígenas alcançaram montantes suficientes para se expandir e reorganizar suas instituições culturais. Os Tikuna, do alto Solimões, no Brasil e no Peru, já ultrapassam os vinte mil; os Makuxi, dos campos de Roraima, alcançam os dezoito mil; os Guajajara, que vivem nas franjas orientais da Amazônia, são hoje nove mil; os Kayapó, recém-atraídos à civilização, são seis mil. Os Sateré-Maué, que vivem nos lagos e ilhas das margens do Amazonas, somam hoje perto de quinze mil.

É certo que alguns povos indígenas estão diminuindo e suas chances de sobrevivência são minúsculas. Os últimos treze índios da tribo Jabuti estão buscando noivas, entre outros índios de fala tupi-kawahib, para seus filhos se casarem. Disso, esperamos, ressurgirá um novo povo indígena. Os Avá-Canoeiros, que eram milhares de índios e dominavam o alto rio Tocantins, não chegam a trinta pessoas. Vivendo em pequenos bandos, sem contato uns com os outros, se especializaram em fugir da invasão branca. Dois índios foram encontrados recentemente falando um dialeto ininteligível da língua tupi. Ninguém sabe quem são, nem saberá jamais.

Os Yanomami, que constituem hoje o maior povo prístino da face da terra, começam a extinguir-se, vitimados pelas doenças levadas pelos brancos, sob os olhos pasmados da opinião pública mundial. São dezesseis mil no Brasil e na Venezuela.

Falam quatro variantes de uma língua própria, sem qualquer parentesco com outras línguas, vivendo dispersos em centenas de aldeias na mata, ameaçados por garimpeiros que, tendo descoberto ouro e outros metais em suas terras, reclamam dos governos dos dois países o direito de continuarem minerando através de processos primitivos, baseados no mercúrio, que polui as terras e envenena as águas dos Yanomami.

A sobrevivência dos povos indígenas se explica, em grande parte, por uma adaptação biótica às pestes do homem branco — a varíola, o sarampo, as doenças pulmonares, as doenças venéreas e outras. Cada uma delas liquidava metade das populações logo ao primeiro contato com as fronteiras da civilização. A varíola desapareceu, mas várias outras enfermidades continuam causando danos, ainda que muito menores que no passado, mesmo porque a própria medicina progrediu bastante.

Explica-se também por mudanças ocorridas nas frentes de expansão da sociedade nacional que se lançam sobre os povos indígenas. Apesar de muito agressivas e destrutivas, elas já não podem exterminar, impunemente, tribos inteiras, como sucedeu no passado. Ainda recentemente, o trucidamento de uma aldeia Yanomami converteu-se, de repente, num escândalo mundial que paralisou a onda assassina.

As formas de contato e de coexistência sofreram, também, importantes alterações. A evangelização, cruamente cristianizadora e imperialmente europeizadora, perdeu o furor etnocida. Já não há tantas missões religiosas roubando crianças indígenas de diferentes tribos para juntá-las em suas escolas, que eram os mais terríveis instrumentos de deculturação e de despersonalização. Muitos dos poucos sobreviventes dessas escolas evangélicas, não tendo lugar na sociedade tribal nem na sociedade nacional, caíam na marginalidade e na prostituição. O paternalismo da proteção oficial do Estado, brutalmente assimilacionista, por doutrina ou por ignorância, deu lugar a uma atitude mais respeitosa diante dos índios.

A mudança de maior espanto ocorreu com os próprios índios, cuja atitude geral de submissão e humildade, que se seguia ao estabelecimento de relações pacíficas, está dando lugar, muitas vezes, a uma postura orgulhosa e afirmativa. Antigamente, quando os índios recém-contratados se apercebiam da magnitude da sociedade nacional, com sua população inumerável dominando áreas imensas, percebendo sua própria insignificância quantitativa, caíam em depressão, às vezes fatal. Hoje, veem os brancos como gente que pode ser enfrentada.

Nessas condições é que começa a surgir um novo tipo de liderança indígena, sem nenhuma submissão diante dos missionários, de seus protetores oficiais ou de quaisquer agentes da civilização. Sabem que a imensa maioria da sociedade nacional é composta de gente miserável que vive em condições piores que a deles próprios. Percebem ou suspeitam que seu lugar na sociedade nacional, se nela quisessem incorporar-se, seria mais miserável ainda. Tudo isso aprofunda seu pendor natural a permanecerem índios.

Em certas circunstâncias, a alternidade entre os índios e o contexto nacional com que eles convivem chega a ser tão agressiva que se torna assassina. É ela que leva jovens índios ao suicídio, como ocorre com os Guarani, por não suportarem o tratamento hostil que lhes dão os invasores de suas terras. Além de transformarem todo o meio ambiente, derrubando as matas, poluindo os rios, inviabilizando a caça e a pesca, esses vizinhos civilizados lançam sobre os índios toda a brutalidade de um consenso unânime sobre sua inferioridade insanável, que acaba sendo interiorizada por eles, dando lugar às ondas de suicídios.

Nessas condições, as próprias tradições indígenas se redefinem, às vezes, já não para lhes dar sustentação moral e confiança em si mesmos, mas para induzi-los ao desengano.

Esse é o caso dos mitos heroicos guarani referentes à criação do mundo, que se converteram em mitos macabros, em que a própria terra apela ao criador que ponha um fim à vida porque está cansada demais de comer cadáveres.

[...]

V. O destino nacional

As dores do parto

O Brasil foi regido primeiro como uma feitoria escravista, exoticamente tropical, habitada por índios nativos e negros importados. Depois, como um consulado, em que um povo sublusitano, mestiçado de sangues afros e índios, vivia o destino de um proletariado externo dentro de uma possessão estrangeira. Os interesses e as aspirações do seu povo jamais foram levados em conta, porque só se tinha atenção e zelo no atendimento dos requisitos de prosperidade da feitoria exportadora. O que se estimulava era o aliciamento de mais índios trazidos dos matos ou a importação de mais negros trazidos da África, para aumentar a força de trabalho, que era a fonte de produção dos lucros da metrópole. Nunca houve aqui um conceito de povo, englobando todos os trabalhadores e atribuindo-lhes direitos. Nem mesmo o direito elementar de trabalhar para nutrir-se, vestir-se e morar.

Essa primazia do lucro sobre a necessidade gera um sistema econômico acionado por um ritmo acelerado de produção do que o mercado externo dela exigia, com base numa força de trabalho afundada no atraso, famélica, porque nenhuma atenção se dava à produção e reprodução das suas condições de existência.

Em consequência, coexistiram sempre uma prosperidade empresarial, que às vezes chegava a ser a maior do mundo, e uma penúria generalizada da população local. A sociedade era, de fato, um mero conglomerado de gentes multiétnicas, oriundas da Europa, da África ou nativos daqui mesmo, ativadas pela mais intensa mestiçagem, pelo genocídio mais brutal na dizimação dos povos tribais e pelo etnocídio radical na descaracterização cultural dos contingentes indígenas e africanos.

Alcançam-se, assim, paradoxalmente, condições ideais para a transfiguração étnica pela desindianização forçada dos índios e pela desafricanização do negro, que, despojados de sua identidade, se veem condenados a inventar uma nova etnicidade englobadora de todos eles. Assim é que se foi fundindo uma crescente massa humana que perdera a cara: eram ex-índios desindianizados, e sobretudo mestiços, mulheres negras e índias, muitíssimas, com uns pouquíssimos brancos europeus que nelas se multiplicaram prodigiosamente.

O núcleo luso, formado por muito poucos portugueses que aqui entraram no primeiro século, e por mulheres mais raras ainda, que aqui vieram ter, olhando a todos os mais desde a altura do seu preconceito de reinóis, da força das suas armas, operacionava sua espoliação econômica, querendo impor a todos sua fôrma étnica e sua cara civilizatória. Ocorre, surpreendentemente, que esse povo nascente, em lugar de uma Lusitânia de ultramar, se configura como um povo em si, que luta desde então para tomar consciência de si mesmo e realizar suas potencialidades.

Essa massa de mulatos e caboclos, lusitanizados pela língua portuguesa que falavam, pela visão do mundo, foram plasmando a etnia brasileira e promovendo, simultaneamente, sua integração, na forma de um Estado--Nação. Estava já maduro quando recebe grandes contingentes de imigrantes europeus e japoneses, o que possibilitou ir assimilando todos eles na condição de brasileiros genéricos.

Alguns, sobretudo japoneses, guardando marcas físicas indisfarçáveis de suas origens, têm, em consequência, certa resistência à plena assimilação ou ao reconhecimento dela quando já está plenamente cumprida. Não deixam nunca de ser nisseis, porque trazem isso na cara. Outros imigrantes, como os italianos, os alemães, os espanhóis, apesar de brancarrões e de portarem nomes enrolados, foram mais facilmente assimilados, sendo sua condição de brasileiros plenamente aceita. Alguns até exacerbam, como o caso do general Geisel, brasileiro de primeira geração, que nunca entendeu por que os índios, aqui há tantos séculos, teimam em não ser brasileiros.

Os árabes são os imigrantes mais exitosos, integrando-se rapidamente na vida brasileira, participando das instituições políticas e alcançando posições de governo. Até esquecem de onde vieram e de sua vida miserável em seus países de origem. Cegos para o fato de que seu êxito se explica, em grande parte, pelo desgarramento que faz com que eles vejam e atuem sobre a sociedade local armados de preconceitos e incapazes de qualquer solidariedade, desligados de qualquer lealdade, de obrigações familiares e sociais, para só se concentrarem no esforço de enricar.

A atitude desses imigrantes é frequentemente de desprezo e incompreensão. Sua tendência é considerar que os brasileiros pobres são responsáveis por sua pobreza e de que o fator racial é que afunda na miséria os descendentes dos índios e dos negros.

Afirmam até que a religião católica e a língua portuguesa contribuíram para o subdesenvolvimento brasileiro.

Ignoram que aqui chegaram a partir de crises que os tornaram excedentes, descartáveis, da mão de obra de suas pátrias e que aqui encontraram um imenso país já aberto, de fronteiras fixadas, regendo autonomamente seu destino.

Afortunadamente nenhum desses contingentes tem consistência suficiente para se apresentar como uma etnia disputante ao domínio da sociedade global ou pretendentes a uma autonomia de destino.

Ao contrário do que sucede com outros países, que guardam dentro do seu corpo contingentes claramente opostos à identificação com a macroetnia nacional, no Brasil, apesar da multiplicidade de origens raciais e étnicas da população, não se encontram tais contingentes esquivos e separatistas dispostos a se organizar em quistos.

O que desgarra e separa os brasileiros em componentes opostos é a estratificação de classes. Mas é ela que, do lado de baixo, unifica e articula, como brasileiros, as imensas massas predominantemente escuras, muito mais solidariamente cimentadas como tal, que enquanto negro retinto ou branco de cal, porque nenhum desses defeitos é insanável. O porta-voz mais brilhante dessa visão deformada de certos descendentes de imigrantes foi o sábio Hermann von Ihering. Na sua paixão por defender seus conterrâneos alemães, que estavam em guerra contra os índios que viveram desde sempre nos territórios doados para colonizar, emprestou seu prestígio científico para duas campanhas. A de pedir ao governo o extermínio dos índios como requisito do progresso e da civilização e a de acusar a gente brasileira, que tinha feito esse país que o abrigava, como incapaz de qualquer empreendimento.

> Os actuaes índios do Estado de S. Paulo não representam um elemento de trabalho e de progresso.

> Como tambem nos outros Estados do Brazil, não se póde esperar trabalho sério e continuado dos índios civilizados e como os Caingangs selvagens são um impecilio para a colonização das regiões do sertão que habitam, parece que não ha outro meio, de que se possa lançar mão, senão o seu exterminio.
>
> A conversão dos indios não tem dado resultado satisfactorio; aquelles índios que se uniram aos portuguezes immigrados, só deixaram uma influencia malefica nos habitos da população rural. É minha convicção de que é devido essencialmente a essas circunstâncias, que o Estado de S. Paulo é obrigado a introduzir milhares de immigrantes, pois que não se póde contar, de modo efficaz e seguro, com os serviços dessa população indigena, para os trabalhos que a lavoura exige. (Ihering, 1907, p. 215)

Outros intérpretes de nossas características nacionais veem os mais variados defeitos e qualidades aos quais atribuem valor causal. Um exemplo nos basta. Para Sérgio Buarque de Holanda seriam características nossas, herdadas dos iberos, a sobranceria hispânica, o desleixo e a plasticidade lusitanas, bem como o espírito aventureiro e o apreço à lealdade de uns e outros e, ainda, seu gosto maior pelo ócio do que pelo negócio. Da mistura de todos esses ingredientes, resultaria uma certa frouxidão e anarquismo, a falta de coesão, a desordem, a indisciplina e a indolência. Mas derivariam delas, também, certo pendor para o mandonismo, para o autoritarismo e para a tirania.

Como quase tudo isso são defeitos, devemos convir que somos um caso feio, tamanhas seriam as carências de que padecemos. Seria assim? Temo muito que não. Muito pior para nós teria sido, talvez, e Sérgio o reconhece, o contrário de nossos defeitos, tais como, o servilismo, a humildade, a rigidez, o espírito de ordem, o sentido de dever, o gosto pela rotina, a gravidade, a sisudez. Elas bem poderiam nos ser ainda mais nefastas porque nos teriam tirado a criatividade do aventureiro, a adaptabilidade de quem não é rígido, mas flexível, a vitalidade de quem enfrenta, ousado, azares e fortunas, a originalidade dos indisciplinados.

Fala-se muito, também, da preguiça brasileira, atribuída tanto ao índio indolente, como ao negro fujão e até às classes dominantes viciosas. Tudo isso é duvidoso demais frente ao fato do que aqui se fez. E se fez muito, como a construção de toda uma civilização urbana nos séculos de vida colonial, incomparavelmente mais pujante e mais brilhante do que aquilo que se verificou na América do Norte, por exemplo.

A questão que se põe é entender por que eles, tão pobres e atrasados, rezando em suas igrejas de tábua, sem destaque em qualquer área de criatividade cultural, ascenderam plenamente à civilização industrial enquanto nós mergulhávamos no atraso.

As causas desse descompasso devem ser buscadas em outras áreas. O ruim aqui, e efetivo fator causal do atraso, é o modo de ordenação da sociedade, estruturada contra os interesses da população, desde sempre sangrada para servir a desígnios alheios e opostos aos seus. Não há, nunca houve, aqui um povo livre, regendo seu destino na busca de sua própria prosperidade.

O que houve e o que há é uma massa de trabalhadores explorada, humilhada e ofendida por uma minoria dominante, espantosamente eficaz na formulação e manutenção de seu próprio projeto de prosperidade, sempre pronta a esmagar qualquer ameaça de reforma da ordem social vigente.

Confrontos

Que é o Brasil entre os povos contemporâneos? Que são os brasileiros? Enquanto povo das Américas contrasta com os povos testemunhos, como o México e o Altiplano Andino, com seus povos oriundos de altas civilizações que vivem o drama de sua dualidade cultural e o desafio de sua fusão numa nova civilização.

Outro bloco contrastante é o dos povos transplantados, que representa nas Américas tão só a reprodução de humanidades e de paisagens europeias. Os Estados Unidos da América e o Canadá são de fato mais parecidos e mais aparentados com a África do Sul branca e com a Austrália do que conosco. A Argentina e o Uruguai, invadidos por uma onda gringa que lançou quatro milhões de europeus sobre um mero milhão que havia devassado o país e feito a independência, soterrando a velha formação hispano-índia, são outros transplantados. Só é de perguntar por quê, com a economia igual e até mais rica de produção de cereais, de carnes e de lãs, não conseguem a prosperidade da Austrália e do Canadá, que se enriqueceram com muito menos?

Serão o velho Cromwell e a institucionalidade por ele criada, que ainda regem o Norte, que fazem a diferença?

Os outros latino-americanos são, como nós mesmos, povos novos, em fazimento. Tarefa infinitamente mais complexa, porque uma coisa é reproduzir no além-mar o mundo insosso europeu, outra é o drama de refundir altas civilizações, um terceiro desafio, muito diferente, é o nosso, de reinventar o humano, criando um novo gênero de gentes, diferentes de quantas haja.

Se olhamos lá para fora, a África contrasta conosco porque vive ainda o drama de sua europeização, prosseguida por sua própria liderança libertária, que tem mais horror à tribalidade que sobrevive e ameaça explodir do que à recolonização. São ilusões! Se os índios sobreviventes do Brasil resistiram a toda a brutalidade durante quinhentos anos e continuam sendo eles mesmos, seus equivalentes da África resistirão também para rir na cara de seus líderes neoeuropeizadores. Mundos mais longínquos, como os orientais, mais maduros que a própria Europa, se estruturam na nova civilização, mantendo seu ser, sua cara. Nós, brasileiros, nesse quadro, somos um povo em ser, impedido de sê-lo. Um povo mestiço na carne e no espírito, já que aqui a mestiçagem jamais foi crime ou pecado. Nela fomos feitos e ainda continuamos nos fazendo. Essa massa de nativos oriundos da mestiçagem viveu por séculos sem consciência de si, afundada na ninguendade. Assim foi até se definir como uma nova identidade étnico-nacional, a de brasileiros. Um povo, até hoje, em ser, na dura busca de seu destino. Olhando-os, ouvindo-os, é fácil perceber que são, de fato, uma nova romanidade, uma romanidade tardia, mas melhor, porque lavada em sangue índio e sangue negro.

Com efeito, alguns soldados romanos, acampados na península Ibérica, ali latinizaram os povos pré-lusitanos. O fizeram tão firmemente que seus filhos mantiveram a latinidade e a cara, resistindo a séculos de opressão de invasores nórdicos e sarracenos.

Depois de dois mil anos nesse esforço, saltaram o mar-oceano e vieram ter no Brasil para plasmar a neo-romanidade que nós somos.

É de assinalar que, apesar de feitos pela fusão de matrizes tão diferenciadas, os brasileiros são, hoje, um dos povos mais homogêneos linguística e culturalmente e um dos mais integrados socialmente da Terra. Falam uma mesma língua, sem dialetos. Não abrigam nenhum contingente reivindicativo de autonomia, nem se apegam a nenhum passado. Estamos abertos é para o futuro.

Nações há no Novo Mundo — Estados Unidos, Canadá, Austrália — que são meros transplantes da Europa para amplos espaços de além-mar. Não apresentam novidade alguma neste mundo. São excedentes que não cabiam mais no Velho Mundo e aqui vieram repetir a Europa, reconstituindo suas paisagens natais para viverem com mais folga e liberdade, sentindo-se em casa. É certo que às vezes se fazem criativos, reinventando a república e a eleição grega. Raramente. São, a rigor, o oposto de nós.

Nosso destino é nos unificarmos com todos os latino-americanos por nossa oposição comum ao mesmo antagonista, que é a América anglo-saxônica, para fundarmos, tal como ocorre na comunidade europeia, a Nação Latino-Americana sonhada por Bolívar. Hoje, somos quinhentos milhões, amanhã seremos um bilhão. Vale dizer, um contingente humano com magnitude suficiente para encarnar a latinidade em face dos blocos chineses, eslavos, árabes e neobritânicos na humanidade futura.

Somos povos novos ainda na luta para nos fazermos a nós mesmos como um gênero humano novo que nunca existiu antes. Tarefa muito mais difícil e penosa, mas também muito mais bela e desafiante.

Na verdade das coisas, o que somos é a nova Roma. Uma Roma tardia e tropical. O Brasil é já a maior das nações neolatinas, pela magnitude populacional, e começa a sê-lo também por sua criatividade artística e cultural.

Precisa agora sê-lo no domínio da tecnologia da futura civilização, para se fazer uma potência econômica, de progresso autossustentado. Estamos nos construindo na luta para florescer amanhã como uma nova civilização, mestiça e tropical, orgulhosa de si mesma. Mais alegre, porque mais sofrida. Melhor, porque incorpora em si mais humanidades. Mais generosa, porque aberta à convivência com todas as raças e todas as culturas e porque assentada na mais bela e luminosa província da Terra.

Referência

IHERING, Hermann von. "A anthropologia do estado de São Paulo", *Revista do Museu Paulista*. São Paulo, v. VII, 1907.

Sobre o autor

DARCY RIBEIRO nasceu em Montes Claros (MG) em 26 de outubro de 1922. Destacou-se como um dos mais brilhantes intelectuais brasileiros. Fundou a Universidade de Brasília em 1962 e a Universidade Estadual do Norte Fluminense em 1993. Foi ministro da Educação (1962-1963) e chefe da Casa Civil (1963-1964) durante o governo de João Goulart, derrubado pelo golpe de 1964. No exílio, entre 1964 e 1976, trabalhou como professor universitário em diversos países latino-americanos. Após a abertura, exerceu os cargos de vice-governador do Rio de Janeiro (1983-1986) e de senador da República (1991-1997). É autor de uma vasta obra nos campos da antropologia, da etnologia e da educação. Escreveu ainda ensaios e romances. Faleceu em Brasília em 17 de fevereiro de 1997.

Sobre os organizadores

ANDRÉS KOZEL é sociólogo formado pela Universidad de Buenos Aires (UBA) e doutor em estudos latino-americanos pela Universidad Nacional Autónoma de México (Unam), com pós-doutorado no Colegio de México. É pesquisador no Consejo Nacional de Investigaciones Científicas y Técnicas (Conicet) da Argentina, baseado no Laboratorio de Investigación en Ciencias Humanas da Universidad Nacional de San Martín (Unsam). É editor da coleção Pensamiento Latinoamericano da editora Teseo Press e da revista latino-americana de estudos das ideias *Wirapuru*.

FABRICIO PEREIRA DA SILVA é professor da graduação e da pós-graduação em ciência política na Universidade Federal do Estado do Rio de Janeiro (Unirio) e do Mestrado em Estudos Contemporâneos da América Latina da Universidad de la República (Udelar) do Uruguai. É doutor em ciência política pelo Instituto Universitário de Pesquisas do Rio de Janeiro (Iuperj) e pós-doutor pelo Instituto de Estudios Avanzados da Universidad de Santiago de Chile (Usach). É autor de *Democracias errantes: reflexões sobre experiências participativas na América Latina* (Ponteio, 2015) e *América Latina em seu labirinto: democracia e autoritarismo no século XXI* (Ponteio, 2019), além de ter escrito diversos trabalhos sobre teoria política, política latino-americana e pensamento latino-americano e africano.

© Editora Elefante, 2022

Primeira edição, junho de 2022
São Paulo, Brasil

Dados Internacionais de Catalogação na Publicação (CIP)
Angélica Ilacqua CRB-8/7057

Os futuros de Darcy Ribeiro / organizado por Andrés Kozel, Fabricio Pereira da Silva. São Paulo: Elefante, 2022.
304 p.

Bibliografia
ISBN 978-65-87235-81-3

1. Antropologia — Antologia
2. Ribeiro, Darcy, 1922-1997 — Crítica e interpretação
I. Kozel, Andrés II. Silva, Fabricio Pereira da

21-1347 CDD 301

Índices para catálogo sistemático:
1. Antropologia

EDITORA ELEFANTE
editoraelefante.com.br
editoraelefante@gmail.com
fb.com/editoraelefante
@editoraelefante

Sol Elster [comercial]
Samanta Marinho [financeiro]
Isadora Attab [redes]
Maria Spector [mídia]

TIPOGRAFIA Cardea & Degular

PAPÉIS Ivory Cold 65 g/m² e Cartão 250 g/m²

IMPRESSÃO BMF Gráfica